U0899805

2019年主题出版重点出版物
"十三五"国家重点出版物出版规划项目
新时代马克思主义经典文献精学导读丛书　主编/顾海良

《共产主义运动中的"左派"幼稚病》精学导读

李　健◎著

科学出版社
北　京

内 容 简 介

《共产主义运动中的“左派”幼稚病》是列宁于1920年4—5月写成的一部重要著作，是一部被称之为“马克思主义战略和策略通俗讲话的尝试”的卓越著作。本书以习近平新时代中国特色社会主义思想为指针，立足于新时代党和国家的发展与建设需要，聚焦于《共产主义运动中的“左派”幼稚病》中所展现的思想与现实的联系，力图通过回顾经典，从理论上帮助读者更加深刻地理解现实，增进对于中国特色社会主义道路的认同。

本书适合马克思主义理论类专业的本科生、研究生，以及广大党员干部和对马克思主义理论感兴趣的人士阅读。

图书在版编目(CIP)数据

《共产主义运动中的“左派”幼稚病》精学导读 / 李健著. —北京：科学出版社，2019.11

（新时代马克思主义经典文献精学导读丛书 / 顾海良主编）

“十三五”国家重点出版物出版规划项目

ISBN 978-7-03-063506-8

Ⅰ. ①共… Ⅱ. ①李… Ⅲ. ①《“左派”幼稚病》-列宁著作研究 Ⅳ. ①A821.26

中国版本图书馆CIP数据核字(2019)第260862号

责任编辑：刘英红 / 责任校对：贾娜娜

责任印制：霍 兵 / 封面设计：润一文化

科学出版社 出版

北京东黄城根北街16号

邮政编码：100717

http://www.sciencep.com

天津市新科印刷有限公司 印刷

科学出版社发行 各地新华书店经销

*

2019年11月第 一 版 开本：720×1000 1/16

2021年 1 月第二次印刷 印张：11 1/4

字数：110 000

定价：35.00元

（如有印装质量问题，我社负责调换）

丛书编委会

总　　序

“新时代马克思主义经典文献精学导读”是根据新时代学习马克思主义经典著作的需要，对各主要的经典著作所蕴含的马克思主义基本原理及其精神实质作出学习和研究性导读。

马克思主义基本原理是马克思主义的理论精粹，体现了马克思主义的根本性质和整体特征，体现了马克思主义立场观点方法的核心要义，体现了马克思主义科学性、人民性、实践性和时代性的思想特征。习近平总书记指出：“掌握马克思主义，最重要的是掌握它的精神实质，运用它的立场、观点、方法和基本原理分析解决实际问题。”[①]在坚持和发展中国特色社会主义中，我们说“老祖宗”不能丢，在根本上就是马克思主义基本原理不能丢。

马克思主义基本原理深刻地蕴含于马克思主义经典著作之中；马克思主义经典著作是马克思主义基本原理的思想本源和理论基础。同时，马克思主义经典著作也蕴藏着马克思主义经典作家汲取人类探索真理的丰富的思想成果，深刻展现了马克思主义经典作家攀登科学高峰、矢志追求真理的精神境界。深入研读马克思主义经典著作是理解和掌握马克思主义基本原理

① 习近平：《中国共产党 90 年来指导思想和基本理论的与时俱进及历史启示》，《学习时报》2011 年 6 月 27 日。

的必修课，也是理解和掌握马克思主义理论体系的基本功。如习近平总书记所指出的：“共产党人要把读马克思主义经典、悟马克思主义原理当作一种生活习惯、当作一种精神追求，用经典涵养正气、淬炼思想、升华境界、指导实践。”[①]

“马克思主义就是我们共产党人的‘真经’，‘真经’没念好，总想着‘西天取经’，就要贻误大事！”[②]在提到学习《共产党宣言》的重要意义时，习近平总书记提出：“广大党员、干部特别是高级干部要学好用好《共产党宣言》等马克思主义经典著作，坚持学以致用、用以促学，原原本本学，熟读精思、学深悟透，熟练掌握马克思主义立场、观点、方法，不断提高马克思主义理论素养。”[③]理论联系实际，在深化马克思主义经典著作研究阐释中，“推进经典著作宣传普及，让理论为亿万人民所了解所接受，画出最大的思想同心圆。”[④]

“新时代马克思主义经典文献精学导读”对各经典著作的研究阐释，由北京大学、中国人民大学、北京师范大学等高校马克思主义学院从事马克思主义经典著作教学和研究的学者担纲。在对各经典著作的研究阐释中，首先力求对各经典著作形成的社会和历史条件作出准确解读，凸显相应的马克思主义基

①《十九大以来重要文献选编》上，中央文献出版社 2009 年版，第 434 页。

②《习近平关于全面从严治党论述摘编》，中央文献出版社 2016 年版，第 66 页。

③ 习近平：《中国共产党是〈共产党宣言〉精神忠实传人》，《人民日报》2018 年 4 月 25 日。

④ 习近平：《深刻感悟和把握马克思主义真理力量 谱写新时代中国特色社会主义新篇章》，《人民日报》2018 年 4 月 25 日。

本原理形成和发展的思想基础和理论背景；其次力求对各经典著作理论内涵和精神实质作出系统导读，彰显新时代学习和实践相应的马克思主义基本原理的理论意义和现实意义；最后力求对经典著作中体现的科学原理和科学精神相结合的思想特征作出全面论述，更为深刻地理解“历史和人民选择马克思主义是完全正确的，中国共产党把马克思主义写在自己的旗帜上是完全正确的，坚持马克思主义基本原理同中国具体实际相结合、不断推进马克思主义中国化时代化是完全正确的”[①]。

“要以科学的态度对待科学，以真理的精神追求真理，不断赋予马克思主义以新的时代内涵。”[②]习近平新时代中国特色社会主义思想就是当代中国马克思主义，就是 21 世纪马克思主义。学习马克思主义经典著作，要同学习习近平新时代中国特色社会主义思想结合起来。在这一结合中，更为深刻地理解习近平新时代中国特色社会主义思想，更有定力、更有信心，也更加自觉、更加自信地坚持和发展新时代中国特色社会主义，确保中华民族伟大复兴的巨轮始终沿着正确航向破浪前行。

顾海良

2019 年 11 月 1 日

①《十九大以来重要文献选编》上，中央文献出版社 2009 年版，第 427—428 页。

② 习近平：《深刻感悟和把握马克思主义真理力量　谱写新时代中国特色社会主义新篇章》，《人民日报》2018 年 4 月 25 日。

目　录

第一章 “左”与右同样有危害性

列宁写作《共产主义运动中的“左派”幼稚病》之时，正是俄国十月社会主义革命胜利、苏维埃无产阶级政权诞生两年半之季。俄国十月社会主义革命的伟大胜利与苏维埃无产阶级政权的日益发展巩固，极大地鼓舞和推动了世界无产阶级革命与被压迫民族的解放斗争，国际共产主义运动呈现出蓬勃发展的大好形势。但是，此时的国际共产主义运动内部同时存在着右倾机会主义和“左”倾机会主义（即“左派”幼稚病）两方面的危险，阻碍着各国无产阶级力量的发展和马克思主义政党的建立。其中，“左”倾机会主义虽然刚刚出现，暂时的影响不大，但如果得不到及时纠正，被用来指导实践，后果将不堪设想。

一、第二国际的破产和第三国际的建立

1914 年，第一次世界大战的爆发使资本主义的社会矛盾空前尖锐化，广大群众的贫困空前加重，工人阶级的处境也到了不堪忍受的地步。人们“不是被拉去送死，就是随时都有受到

军法制裁的危险”[①]。在这种状况下，第二国际的大部分领袖们依然站在本国资产阶级的立场上鼓吹“保卫祖国”，号召工人阶级去做帝国主义战争的炮灰。这种社会沙文主义的政策是第二国际修正主义路线的必然结果。恩格斯逝世以后，以伯恩施坦、考茨基为代表的修正主义者被资本主义国家在经济、政治、社会等方面所发生的表面变化所迷惑，未能认清资本主义走向垄断和帝国主义的本质，错误地认为在资本主义现有框架内也能实现社会主义。他们背离马克思主义，反对革命，在工人运动中执行改良主义和阶级合作的路线。他们对资产阶级民主抱有美好的幻想，大力宣扬议会道路，希望依靠普选制和议会斗争逐步走向社会主义，散播“和平长入社会主义”的谬论。

右倾机会主义者否定俄国十月社会主义革命的国际意义，反对无产阶级革命和无产阶级专政。与此同时，由于英国、法国、德国等资本主义国家从自身的超额垄断利润中拿出一部分来收买本国的“工人贵族”，工人运动中的机会主义倾向愈发严重。许多人只贪图眼前所取得的经济利益与微小的政治成就，而忘记了无产阶级的远大理想。这种现状必然会使发达资本主义国家的工人运动迷失方向，容易被资产阶级所利用。随着第一次世界大战的爆发，第二国际在战争的硝烟中逐步走向破产。绝大多数社会民主党领袖都公开站到本国资产阶级政府一边，堕落为社会沙文主义者，这意味着第二国际“在思想上政治上

①《列宁选集》第 4 卷，人民出版社 2012 年版，第 265 页。

的破产”。“破产的第二国际正在死去，活活腐烂着。它实际上是替国际资产阶级当奴仆。这是真正的黄色国际。”[①]社会民主党完全变成资产阶级的附属品，已经称不上是无产阶级的先进组织了。

与之形成鲜明对比的是，俄国十月社会主义革命胜利后，新生的苏维埃政权在布尔什维克的坚强领导下经受住了国内外帝国主义和反革命势力联合绞杀的严峻考验，并在战争中得到巩固。布尔什维克党的威望大大提高，苏维埃政权受到俄国人民的衷心拥护。与此同时，俄国革命的胜利对世界无产阶级革命产生了巨大影响。在资本主义的核心区域，德国、匈牙利等国相继爆发了无产阶级革命，一些欧洲国家的共产主义者也从原本的社会民主党中逐渐分化独立出来，成立了新型的无产阶级政党或团体。同时，殖民地半殖民地国家的民族解放运动迅速发展，中国、印度、朝鲜、土耳其、阿富汗等国都掀起了轰轰烈烈的民主革命。

为了加强对各国年轻的共产党和世界民族解放运动的指导，在列宁的直接领导下成立了第三国际，即共产国际。1919年3月2日，共产国际第一次代表大会在莫斯科召开。出席大会的有来自欧洲、美洲和亚洲21个国家的35个政党与团体的52名代表。共产国际成立的目的在于通过与机会主义和修正主义的斗争，恢复马克思主义的真正面目，团结一切真正革命的

①《列宁选集》第3卷，人民出版社2012年版，第795页。

力量，促进共产主义革命在世界的胜利。截至 1920 年 5 月列宁写作《共产主义运动中的“左派”幼稚病》时，已经有 16 个国家相继成立了共产党，共产主义小组也在其他许多国家陆续建立起来。1920 年 7 月，在彼得格勒（后移至莫斯科）召开共产国际第二次代表大会时，参会的代表增加到 217 人，分别来自 41 个国家的 67 个政党和团体。在共产国际的推动下，马克思主义得到了进一步传播，无产阶级的觉悟程度进一步提高，国际共产主义运动进一步发展。

二、右倾机会主义死而不僵

但是，国际共产主义运动内部存在着“左”倾机会主义和右倾机会主义两方面的危险，阻碍着各国无产阶级力量的发展和马克思主义政党的建立。如果这些错误思想得不到及时纠正，被用来指导实践，后果将不堪设想。其中，更为严重的是右倾机会主义即第二国际修正主义的危险。

随着欧洲各国革命运动的高涨，许多国家纷纷成立了共产党或共产主义组织。为了对抗以列宁为代表的布尔什维克主义，反对俄国十月社会主义革命的道路，阻挠第三国际的建立，早已四分五裂的第二国际修正主义各党重新拼凑起来，于 1919 年 2 月 3 日在瑞士伯尔尼召开会议，决定恢复第二国际，也称伯尔尼国际。另外，其中一部分所谓的中派迫于群众革命热情的要求，纷纷表示愿意加入共产国际。但是，他们要求在不改变机会主义立场的前提下加入共产国际，企图篡夺共产国际的领导权，改变共产国际的方向，这是当时国际共产主义运动面临的主要阻力和危险。第三国际即共产国际的建立与蓬勃发展，使得原属于第二国际的许多政党，如法国、意大利、西班牙、美国等国的社会党、德国独立社会民主党、英国独立工党，也都纷纷退出领导不力的第二国际，转而加入了第三国际，但它们的政治工作还停留在第二国际的原有水平上，存在着分化甚至叛卖无产阶级革命运动的实际行为，“共产国际有被那些还没有摆脱第二国际意识形态的、不坚定和不彻底的集团溶蚀的危险”[①]。除了保加利亚、波兰、立陶宛的少数革命政党从组织上和机会主义划清了界限以外，其他许多国家的左派社会主义者没有在组织上同机会主义彻底分裂，这在实际的革命运动中造成了严重的后果。1919 年，在德国南部的巴伐利亚，工人通过起义建立了苏维埃，但由于右翼社会民主党人和独立社会民主党的中派领袖的出卖而最终走向失败。同年，在匈牙利也出现了苏维埃共和国，但由于共产党同意和右翼领袖主导的社会党联合，这些资产阶级代理人得以利用自己的地位从革命政权内部破坏了苏维埃政权。英国的独立工党声称愿意加入第三国际，但是其领袖拉姆赛·麦克唐纳是一个“十足的资产阶级和平主义者和妥协主义者”和“幻想建立超阶级政府的小资产

①《列宁选集》第 4 卷，人民出版社 2012 年版，第 250 页。

者”。他虽然也承认战争将引起危机，但是认为危机终究会平息下去的。这说明他“不仅不善于而且不愿意在革命意义上利用革命危机，换句话说，就是既不善于又不愿意使党和阶级为建立无产阶级专政作好真正的革命准备”[①]。而英国的工人却“不幸把他这个资产者当作社会主义者，把他这个庸人当作领袖”[②]，这种情况在法国、德国等国同样常见。为此，列宁号召各国共产党人提高警惕，“下定决心，把各个党内的这一斗争进行到底”[③]。

值得思考的是，在第一次世界大战揭破了机会主义脓疮的情况下，右倾机会主义为什么依然能够死而不僵呢？为什么机会主义在西欧各国党内比在俄国要根深蒂固呢？列宁认为，“收买就是整个问题的症结所在”[④]。第一次世界大战之前有人做过计算，当时英国、法国、德国三国仅资本输出一项每年就可获利 80 亿～100 亿法郎。这么高的垄断利润让帝国主义国家的资产阶级可以对本国的工人进行各种形式的收买，如“提高大中心城市的文化水平，设立教育机关，为合作社领袖、工联领袖、议会领袖提供千百个肥缺”[⑤]等。这些措施在客观上提高了工人阶级的生活质量，让一些机会主义者认为在资本主义框架内可以通过改良主义改变工人的社会地位。同时，一些“工人领袖”

①《列宁选集》第 4 卷，人民出版社 2012 年版，第 269 页。
②《列宁选集》第 4 卷，人民出版社 2012 年版，第 326 页。
③《列宁选集》第 4 卷，人民出版社 2012 年版，第 272 页。
④《列宁选集》第 4 卷，人民出版社 2012 年版，第 271 页。
⑤《列宁选集》第 4 卷，人民出版社 2012 年版，第 271 页。

因为在体制内得到了某些利益而在立场上发生了动摇，因为害怕失去自己到手的利益而反对革命。列宁据此作出判断，“这几十亿超额利润，就是工人运动中机会主义赖以生存的经济基础”[①]。只要垄断资本主义的经济根源没有消除，那么工人运动中就将始终存在右倾机会主义的危险。共产党人不能把战胜机会主义这件事情看得过于简单，“要治好它，比乐观主义者所想象的时间要长得多。机会主义是我们的主要敌人。……实际证明：由工人运动内部机会主义派别的活动家来维护资产阶级，比资产者亲自出马还好。工人要不是由他们来领导，资产阶级就无法支持下去”[②]。

三、孩子气的“左派”幼稚病

共产党人面临的另一方面的危险是“左”倾机会主义即“左派”幼稚病的危险，它主要存在于从第二国际分化出来后参加共产国际的一些“左派”共产党人的身上。虽然俄国十月社会主义革命胜利以后国际共产主义运动获得了很大的发展，但是许多国家的共产党人还很年轻，他们还没有学会怎样革命。他们虽理想坚定，但由于缺乏理论素养和现实斗争经验，对无产阶级革命的长期性、复杂性和艰巨性的认识还远远不够；他们急切地想效仿俄国十月社会主义革命，却不懂得马克思主义基

①《列宁选集》第 4 卷，人民出版社 2012 年版，第 271 页。
②《列宁选集》第 4 卷，人民出版社 2012 年版，第 271 页。

本原理必须要与本国具体实际相结合；他们充满革命的热情，却还不太懂得阶级斗争的规律，不懂得革命战略与策略的极端重要性。德国革命和匈牙利革命的失败虽然有许多客观因素，但两国共产党人在革命理论、战略和策略上的不成熟也是很重要的原因。

“左”倾机会主义在许多基本的理论和策略问题上背离了马克思主义基本原理，脱离客观实际，脱离广大群众。他们未对革命形势作客观的分析，否认革命的长期性与曲折性，只用许多漂亮的“左”的口号来装饰自己。他们反对任何妥协，只空喊进攻，却不知可以通过退却来保存革命的实力。他们空有革命热情，却脱离群众，反对参加议会斗争，反对在资产阶级议会中、在工联主义分子把持的旧工会中争取群众、教育群众，反对利用一切合法斗争去联系群众、积蓄并发展无产阶级革命力量。他们甚至反对建立有严格纪律的无产阶级革命政党，否认党的纪律，提出“打倒领袖”“摧毁政党”的无政府主义口号。“无政府主义往往是对工人运动中机会主义罪过的一种惩罚。这两种畸形东西是互相补充的。”[①]他们憎恨机会主义者奴颜婢膝、背叛革命的丑陋行为，但他们不是站在无产阶级和人民群众的立场上，运用马克思主义的科学理论和方法去批判机会主义，而是站在小资产阶级的立场上，用充满形而上学的“否定一切，打倒一切”的无政府主义观点去对待右倾机会主义，结果从

①《列宁选集》第4卷，人民出版社2012年版，第143页。

一个极端跳到另一个极端，即“左”倾机会主义。他们鼓吹无政府主义和工团主义，而实际上是把自己变成了脱离群众的宗派主义、冒险主义的小团体。因为痛恨英国、法国等国中议会活动家的所作所为就反对参加一切议会活动，因为痛恨机会主义领袖龚帕斯和韩德逊领导的、被议会投机家和工人阶级叛徒所占据的党就反对一切政党，这无疑充分反映了他们的幼稚。这种“左派”幼稚病虽然尚未在各国共产党内占据统治地位，但却具有极大的危害性。它不仅影响到党的统一和完整，而且直接阻碍着党的发展。英国正是受此影响而迟迟未能建立统一的英国共产党。

列宁认为，同反对右倾机会主义相比，纠正“左派”幼稚病是一项比较容易的任务。“同无产阶级运动中的这些错误缺点作斗争比较容易，而同那些以改良主义者的姿态加入第二国际旧党、并按资产阶级精神而不是按无产阶级精神来指导党的全部工作的资产阶级作斗争要困难一千倍。”[①]然而，这不过是由于“左派”幼稚病在国际范围内刚刚产生，影响还不大。“目前共产主义运动中左倾学理主义错误同右倾学理主义（即社会沙文主义和考茨基主义）错误比较起来，其危害性和严重性不及后者的千分之一，然而这只不过是由于左倾共产主义是一种刚刚产生的还很年轻的思潮。只是因为这个缘故，这种病症在一定条件下容易治好，但是必须用最大的努力去医治。”[②]也正因为如此，当时的人们对“左”的错误认识不多，警惕性不高，

①《列宁选集》第 4 卷，人民出版社 2012 年版，第 272 页。
②《列宁选集》第 4 卷，人民出版社 2012 年版，第 210 页。

他们"还极少知道布尔什维主义是在同小资产阶级革命性作长期斗争中成长、成熟和得到锻炼的"[①]。如果任由"左"倾机会主义发展，同样将给革命事业带来巨大损失——后来国际共产主义运动的历史充分说明了这一点。

在《共产主义运动中的"左派"幼稚病》中，列宁根据马克思主义基本原理，总结了俄国三次革命的丰富历史经验及国际共产主义运动中的经验教训，阐明了俄国十月社会主义革命的国际意义，提出了要将国际共产主义运动的普遍规律和各国革命的具体实践相结合的原则，科学地论证并进一步发展了马克思主义关于无产阶级革命、无产阶级专政和无产阶级革命政党的理论，全面阐述了无产阶级革命的战略和策略问题。这部著作曾分发给参加共产国际第二次代表大会的全体代表，在当时对于加强各国无产阶级政党的建设和推动各国工人运动、国际共产主义运动的发展，起了很大的作用。这部著作也很快地传播到全世界，成为反对"左"倾、右倾机会主义的强大思想武器，并对此后几十年国际共产主义运动的发展具有重要的指导意义，促进了世界各国无产阶级革命斗争的发展。

---

①《列宁选集》第 4 卷，人民出版社 2012 年版，第 142 页。

第二章　马克思主义战略和策略通俗讲话的尝试

为了将俄国革命的经验，尤其是在革命战略和策略方面的经验教训通俗地介绍给年轻的共产党人，列宁付出了极大的精力。他广泛搜集各方面的资料，结合俄国历史对国际共产主义运动中的重要问题做了详细的阐述，并根据新掌握的资料对内容做了增补。对这部著作的出版过程，列宁也给予了高度的关注。在手稿中，列宁给《共产主义运动中的“左派”幼稚病》一书起了一个副标题《马克思主义战略和策略通俗讲话的尝试》。可见，战略和策略问题是这部著作讨论的中心问题。与此同时，列宁在书中对俄国十月社会主义革命的国际意义、党和群众的关系、党的纪律建设和思想建设等重要问题做了精辟的论述。

一、文本的形成过程及列宁对文本的关注

共产党人的“基本任务就是制定或者指出一些实际工作的

原则，使得到目前为止在亿万人当中无组织地进行的工作能够有组织地、协调地、有步骤地去做”[①]。面对国际共产主义运动中的“左”倾机会主义和右倾机会主义两方面的危险，列宁认为，最好的办法就是把俄国布尔什维克党领导革命的战略和策略经验介绍给各国年轻的共产党人——这也正是列宁在共产国际第二次代表大会召开前夕写作《共产主义运动中的“左派”幼稚病》这部著作的目的。列宁说，自己写作此书的目的“是要把布尔什维主义历史上和当今策略上普遍适用的、具有普遍意义和必须普遍遵循的原则应用到西欧去”[②]。

1920 年 4 月 27 日，列宁完成这部著作的初稿，5 月 5 日手稿发到国家出版社彼得格勒分社。5 月 9 日，书稿一校样发回莫斯科。由于帝国主义在战争情况下的封锁，直到这部著作的出版任务安排停当时，列宁才从国外得到了一些关于其他国家政治和政党情况的补充资料。为此，列宁又扼要地写了几点意见，作为书稿的增补部分。5 月 23 日，列宁将 5 月 12 日写完的增补部分连同经他校阅过的校样一起发往彼得格勒。6 月 12 日，这部著作的俄文本出版，接着法文本和英文本也几乎同时于 7 月在俄国出版。为了能赶在共产国际第二次代表大会开会之前出版，列宁曾亲自咨问书稿的排印计划。他在 5 月 23 日写了一封有关书稿出版工作的信，要求出版社用电话告知负责检查和最后出版工作的同志的名字及书稿的出版日期。这部著作

①《列宁选集》第 4 卷，人民出版社 2012 年版，第 273 页。
②《列宁选集》第 4 卷，人民出版社 2012 年版，第 157 页。

出版之后分发给了参加共产国际第二次代表大会的全体代表，书中的论点和结论是代表大会决议的基础。1920 年下半年，这部著作的德、英、法、意译本分别在柏林、汉堡、伦敦、纽约、巴黎和米兰出版。

在《共产主义运动中的“左派”幼稚病》一书的手稿上有一个副标题《马克思主义战略和策略通俗讲话的尝试》和一段讽刺性献词：“‘谨将此小册子献给最可敬的劳合-乔治先生，以对其 1920 年 3 月 18 日所作的几乎是马克思主义的、至少是对全世界共产党人和布尔什维克极有教益的演说表示谢忱。’但是，列宁亲自校阅过的该书第 1 版，以及根据这一版刊印的其他各种单行本和全集本都删去了这个副标题和献词，只有《列宁全集》俄文第 2、第 3 版刊印过这个副标题和献词。”①

1920 年 6 月，参加共产国际第二次代表大会的荷兰代表团在读到了《共产国际运动中的“左派”幼稚病》中列宁关于荷兰共产党在政策方面“左”倾错误的评论后认为，把某些党员的个人行为加到整个荷兰共产党身上是不恰当和不公正的。这些党员已经很少参加或基本不参加荷兰共产党的活动，而荷兰共产党自身也一直在和这些反对派做坚决的斗争。因此，荷兰共产党的领导人戴·怀恩科普给列宁写了一封信，代表党组织表达了不同看法。列宁收到来信后承认了自己的错误，做了自我批评，并将荷兰共产党的来信和他的回复作为增补部分的第

①《列宁选集》第 4 卷，人民出版社 2012 年版，第 815 页。

五节一并发表在《共产国际运动中的“左派”幼稚病》的英文版本中。“在本书俄文版中，关于整个荷兰共产党在国际性的革命政策方面的行为，我说得有点不正确。因此，我乘这个机会把我们荷兰同志关于这个问题的一封来信发表在下面，并且把我在俄文版中所用的‘荷兰论坛派’一词，改为‘荷兰共产党的某些党员’。”[①]

二、文本的结构和主要内容

《共产国际运动中的“左派”幼稚病》一书由十章正文和五节增补组成。十章正文分别是“在什么意义上可以说俄国革命具有国际意义？”“布尔什维克成功的基本条件之一”“布尔什维主义历史的几个主要阶段”“布尔什维主义是在反对工人运动内部哪些敌人的斗争中成长、壮大和得到锻炼的？”“德国‘左派’共产党人。领袖、政党、阶级、群众间的相互关系”“革命家应当不应当在反动工会里做工作？”“参加不参加资产阶级议会？”“不作任何妥协吗？”“英国‘左派’共产主义者”“几点结论”，五节增补则分别是“德国共产党人的分裂”“德国的共产党人和独立党人”“意大利的屠拉梯之流”“由正确的前提作出的错误结论”关于荷兰共产党来信的说明。

在第一章“在什么意义上可以说俄国革命具有国际意义？”

①《列宁全集》第39卷第二版增订版，人民出版社2017年版，第94—95页。

中，列宁主要论述了如何正确认识俄国十月社会主义革命国际意义的问题。他指出，在帝国主义时代，十月革命的基本特点具有国际性意义，其他国家必然都要走俄国人所走过的路。但是，这并不意味着可以照搬俄国革命的一切具体做法，因为每个国家都有其自身的独特之处。既不能像右倾机会主义者那样否定俄国革命的国际意义，也不能像“左派”共产党人那样夸大俄国革命的国际意义，只有结合自身的特点来理解和运用才是正途。

列宁在第二章“布尔什维克成功的基本条件之一”中指出，铁的纪律是布尔什维克取得成功的基本条件之一。如果没有严格的纪律，无产阶级就不可能战胜资产阶级，不可能夺取和巩固国家政权。那么，无产阶级革命政党的纪律靠什么来维持、检验和加强呢？列宁指出了三个条件的重要性：先锋队的觉悟和忠诚、与群众的密切联系、正确的政治战略和策略。结合布尔什维克的历史，列宁强调，这三个条件的形成依赖于坚固的马克思主义理论基础和丰富的斗争实践。

第三章“布尔什维主义历史的几个主要阶段”就是对布尔什维克斗争和成长历史的扼要回顾与总结。列宁把十月革命前的俄国革命历史划分为六个大的阶段，并分析了每一阶段的经验教训。

在第四章“布尔什维主义是在反对工人运动内部哪些敌人的斗争中成长、壮大和得到锻炼的？”中，列宁在指出机会主义、沙文主义是最主要的敌人的同时，特别强调了同小资产阶级革命性作斗争（即“左派”幼稚病）的重要性。通过总结布尔什维克历史上两次同“左”倾错误作斗争的历史(一次是 1908

年关于是否参加资产阶级反动议会，一次是1918年关于是否应该和德国签订《布列斯特和约》），列宁阐述了把合法斗争和不合法斗争结合起来的重要性，并指出必须区分两种妥协：一种是把钱和武器交给强盗，目的是减少强盗对自己的祸害并便于之后反击强盗；另一种则是把钱和武器交给强盗，为的是要入伙分赃，同流合污。不加区分地盲目反对一切妥协的做法是极其幼稚的，具有极大的危害性。

在第五章“德国‘左派’共产党人。领袖、政党、阶级、群众间的相互关系”中，列宁批判了“左派”共产党人否认政党和领袖作用的错误观点，阐明了马克思主义关于领袖、政党、阶级、群众之间相互关系的学说，强调了无产阶级专政的必要性，也强调了党和党的领袖所起的重要领导作用，丰富和发展了马克思主义的建党学说。列宁认为，否定政党、否定党的纪律就等于完全解除无产阶级的武装，这种主张所导致的结果只能是亲者痛仇者快。

第六章“革命家应当不应当在反动工会里做工作？”和第七章“参加不参加资产阶级议会？”主要批评了“左派”共产党人拒绝在反动工会和资产阶级议会中工作的幼稚想法，提出了充分利用工会和议会等平台扩大革命影响、争取群众支持的战略和策略。列宁指出，教育和争取群众是共产党人的基本任务，在群众还没有普遍觉醒的情况下拒绝利用工会和议会等平台，意味着将共产党和人民隔离开来，从而在实际上取消了斗争。因此，共产党人必须在客观估计一切阶级力量和思想状况的基础上制定自己

的行动策略，而绝不能以先锋队的革命情绪和热情为依据。

第八章“不作任何妥协吗？”批判了“左派”共产党人“不做任何妥协”的错误思想，再次强调了两种妥协的区别，并深刻分析了革命者实行妥协的必要性。无论是考虑到利用敌人内部矛盾、争取同盟者的需要，还是考虑到极其复杂的阶级状况和庞大的中间阶层的存在，适度的妥协对于无产阶级革命事业来说都是必要的。“政治活动并不是涅瓦大街的人行道。”[①]一味拒绝妥协的做法必将在实践中碰壁。在本章中，列宁还列举了布尔什维克多次实行妥协的历史，并就如何对待《凡尔赛和约》的问题给德国共产党人进行了详细分析，提出了具体建议。

在第九章“英国‘左派’共产主义者”中，列宁对英国“左派”共产主义者在是否参加议会、是否与工党结成联盟、如何对待妥协等问题上的错误观点进行了具体的批判。同时，列宁还提出了政治是一种科学和艺术、不能单凭革命情绪来领导群众、不能仅根据先锋队的状况来制定策略等重要思想。在此基础上，列宁通过总结历史经验，论证了革命能够发生的条件和规律：“要举行革命，单是被剥削被压迫群众认识到不能照旧生活下去而要求变革，还是不够的；要举行革命，还必须要剥削者也不能照旧生活和统治下去。只有‘下层’不愿照旧生活而‘上层’也不能照旧维持下去的时候，革命才能获得胜利。”[②]这一规律应当成为共产党人制定策略的基本出发点。在本章的最

①《列宁选集》第 4 卷，人民出版社 2012 年版，第 180 页。
②《列宁选集》第 4 卷，人民出版社 2012 年版，第 193 页。

后，列宁结合英国的实际，给英国共产主义者提供了关于如何对待与工党的联盟的具体策略。

第十章"几点结论"是对全书的总结。在这一章中，列宁概括了无产阶级战略和策略的基本原则。首先，要针对各民族的特点和差别来运用苏维埃政权与无产阶级专政等基本理论，要使理论适应于各民族的具体情况。其次，共产党人应当善于把革命的原则性和灵活性结合起来，在斗争中成为群众的实际领导者。只有做到这一点，革命才可能取得成功——因为单靠先锋队是不能胜利的。再次，要善于掌握一切斗争形式，学会根据情况的变化迅速用一种形式代替另一种形式。只有这样才能尽可能多地争取群众，发展自己，战胜资产阶级。最后，列宁从理论上分析了"左"倾机会主义和右倾机会主义错误的思想根源，指出它们的共同点是割裂了革命内容和形式的关系。"共产党人的责任，就是要掌握一切形式，学会以最快的速度用一种形式去补充另一种形式，用一种形式去代替另一种形式，使我们的策略适应并非由我们的阶级或我们的努力所引起的任何一种形式的更替。"①

在五节增补中，列宁根据所获得的有关西欧各国的关于国家政治和政党情况的补充资料，对德国和意大利的共产党提出了具体建议，并纠正了之前对荷兰共产党的错误说法。第一节"德国共产党人的分裂"主要论述了德国共产党应该如何正确对待分裂、

①《列宁选集》第4卷，人民出版社2012年版，第211页。

如何使分裂不影响将来在新基础上统一的问题。第二节“德国的共产党人和独立党人”批判了德国共产党在和独立党实行妥协时的一些错误做法。列宁告诫德国共产党人绝不能在妥协的时候放弃斗争，要时刻警惕独立党可能出现的叛卖行为。在第三节“意大利的屠拉梯之流”中，列宁引用了英国资产阶级自由派报纸对屠拉梯的访问资料，证明了他实质上是在进行背叛社会主义的工作。列宁说，意大利社会党要想成为真正的共产党，就要把屠拉梯之流开除出党。在第四节“由正确的前提作出的错误结论”中，列宁接着说，如果因为对屠拉梯之流的正确批评而得出“凡是参加议会都是有害的”结论，那无疑是错误的。列宁指出，拒绝参加议会的做法是幼稚的，这样只是在用一些空洞的话语来回避实际存在的困难。如果无产阶级连这样的小困难都不能克服，那么将来必定难以承担起革命和建设的重担。因此，列宁认为共产党人应当学会掌握一切工作和活动领域，并在一切领域克服困难，战胜资产阶级的影响。在最后增补的第五节中，列宁根据荷兰共产党领导人戴·怀恩科普的来信，纠正了自己之前对于荷兰共产党的不当批评，这也从一个角度反映了列宁作为无产阶级领袖的认真态度和宽广胸襟。

第三章　一切国家都必然要做俄国已经做过的事情

俄国十月革命是人类历史上第一次获得胜利的社会主义革命，它不仅改变了俄国历史的发展方向，也对整个人类社会的发展产生了巨大影响。布尔什维克领导的俄国无产阶级通过武装起义夺取政权，建立了以工农联盟为基础的苏维埃政权，人类历史上第一个社会主义国家由此诞生。十月革命的胜利极大鼓舞了各国的工人运动和民族解放运动，给深受资产阶级压迫的各国工人阶级和受压迫的各民族带来了胜利的希望。一方面，一些国家的“左派”共产党人认为俄国革命为他们指明了社会主义革命前进的方向，把俄国视为可以直接效仿的榜样。另一方面，以考茨基为代表的第二国际的机会主义者则极力否认俄国革命经验的国际意义，认为俄国是一个经济文化落后的、有着浓厚封建残余的不发达国家，其革命经验对于西欧的先进国家没有什么指导和借鉴意义。针对这两种截然对立的观点，列宁以其深厚的辩证法功底指出，无论是对俄国革命经验国际意义的否定还是夸大都是不正确的。既不能以每个国家都有“特殊国情”来否定俄国革命经验的国际意义，也不能脱离本国国情，一味地照搬俄国经验。俄国革命的经验既有普遍性意义，也有特殊性意义，二者统一于俄国革命的生动实践。

一、对俄国革命经验国际意义的否定和夸大

俄国十月社会主义革命的胜利沉重打击了帝国主义的统治，推动了国际共产主义运动的发展，鼓舞了殖民地半殖民地人民的解放斗争。十月革命拉开了20世纪国际共产主义运动的序幕，为后来社会主义阵营的建立奠定了基础。然而，自从1917年十月革命胜利以来，关于十月革命的争论一直没有停息。在列宁写作《共产主义运动中的“左派”幼稚病》的时候，国际共产主义运动内部在如何认识俄国十月社会主义革命基本经验的问题上也存在两种影响较大的思潮：一种是第二国际右倾机会主义者对俄国十月社会主义革命经验国际意义的否定；另一种则是“左派”共产主义者对俄国十月社会主义革命经验国际意义的夸大。

十月革命胜利后，考茨基、苏汉诺夫等右倾机会主义者依据马克思主义的生产力决定生产关系原理提出，俄国的生产力水平还不足以实行社会主义，而且俄国无产阶级在总人口中只占少数，因此不具备进行社会主义革命的条件。在这种情况下发动武装起义，搞十月社会主义革命，是违背历史发展规律的

“唯意志论”做法。考茨基把十月革命比喻为一个怀孕的妇女企图通过“疯狂万分地猛跳”，“把她无法忍受的怀孕期缩短并且引起早产”[①]。他说：“这样生下来的孩子，通常是活不成的。”[②]这就是所谓的社会主义“早产论”。这种论调在当时产生了很大的影响，第二国际和孟什维克的许多人以此来反对布尔什维克和苏维埃政权。对此，列宁进行了坚决的反驳。他认为，当革命形势到来时却借口“生产力还不够”而无动于衷，甚至指责和反对革命，那就是迂腐和无知。“面对第一次帝国主义大战所造成的那种革命形势的人民，在毫无出路的处境逼迫下，难道他们就不能奋起斗争，以求至少获得某种机会去为自己争得进一步发展文明的并不十分寻常的条件吗？”[③]列宁还发出反问：“既然建立社会主义需要有一定的文化水平（虽然谁也说不出这个一定的‘文化水平’究竟是什么样的，因为这在各个西欧国家都是不同的），我们为什么不能首先用革命手段取得达到这个一定水平的前提，然后在工农政权和苏维埃制度的基础上赶上别国人民呢？”[④]

另外，右倾机会主义者还说俄国是一个经济文化落后的、有着浓厚封建残余的不发达国家，其革命经验对于西欧的先进

①〔奥〕卡尔·考茨基：《考茨基文选》，王学东编，人民出版社2008年版，第376页。

②〔奥〕卡尔·考茨基：《考茨基文选》，王学东编，人民出版社2008年版，第376页。

③《列宁选集》第4卷，人民出版社2012年版，第777页。

④《列宁选集》第4卷，人民出版社2012年版，第777页。

国家来说没有什么指导和借鉴意义。他们以每个国家都有“特殊国情”为借口来否定俄国革命经验的国际意义，实际上是反对无产阶级革命和无产阶级专政。右倾机会主义者宣扬改良主义的议会道路，美化资产阶级的统治秩序，散播可以在资产阶级民主框架内实现社会主义的幻想。他们攻击布尔什维克所实行的无产阶级专政，认为这是恐怖和独裁，主张通过和资产阶级的妥协与合作来治理国家。这些和平主义和民主主义的错误思想实际上将导致无产阶级丧失革命的领导权，甚至断送工人运动和社会主义的前途。

因此，列宁说他们是背叛革命的反动分子。“第二国际的‘革命’领袖们，如德国的考茨基、奥地利的奥托·鲍威尔和弗里德里希·阿德勒之流不懂得这一点，因此他们成了反动分子，成了最坏的机会主义和背叛社会主义的行为的辩护人……他们的困惑、迂腐、卑鄙和对工人阶级利益的背叛，已经达到了无以复加的程度，而这一切又都是用‘捍卫’‘世界革命’的思想作幌子的。”①

与此同时，由于第一次世界大战带来的深重灾难与各国资本主义经济危机的不断加深，加上俄国十月社会主义革命的胜利与世界各国无产阶级运动的高涨，欧美各国工人群众普遍产生了向左转的革命热情。一部分“左派”共产主义者夸大俄国十月社会主义革命经验的国际意义，认为俄国革命的所有经验对其他国家

①《列宁选集》第 4 卷，人民出版社 2012 年版，第 133 页。

都是适用的。他们忽视了各国的自身特点，教条式地认为只要照搬俄国的革命经验，革命在自己的国家就一样能够取得胜利。

那么，到底应该如何认识俄国革命的国际意义呢？

二、在什么意义上可以说俄国革命具有国际意义？

列宁以其深厚的辩证法功底回答了“在什么意义上可以说俄国革命具有国际意义”这一重大问题。“现在我们已经有相当丰富的国际经验，它十分明确地说明，我国革命的某些基本特点所具有的意义，不是局部地区的、一国特有的、仅限于俄国的意义，而是国际的意义。我这里所说的国际意义不是按广义来说的，不是说：不仅我国革命的某些基本特点，而且所有基本特点和许多次要特点都具有国际意义，都对所有国家发生影响。不是的，我是按最狭义来说的，就是说，所谓国际意义是指我国所发生过的事情在国际上具有重要性，或者说，具有在国际范围内重演的历史必然性，因此必须承认，具有国际意义的是我国革命的某些基本特点。”[①]

首先，俄国革命的国际意义体现为十月革命在世界历史上的重要性。十月革命是人类历史上第一次取得胜利的社会主义革命，开辟了人类探索社会主义道路的新时代，使马克思列宁主义传遍世界，极大地震撼了资本主义世界。它向全世界宣告一种崭新的社会制度由理想变为现实，第一次尝试建设没有剥

①《列宁选集》第 4 卷，人民出版社 2012 年版，第 132 页。

削、没有压迫、人人平等、公平正义的美好社会。十月革命沉重地打击了帝国主义的统治，极大地鼓舞了国际无产阶级革命运动和殖民地半殖民地被压迫民族的解放运动。它标志着人类社会进入了社会主义的新时期，开辟了历史的新纪元。“十月社会主义革命不只是开创了俄国历史的新纪元，而且开创了世界历史的新纪元。”[①]它“改变了整个世界历史的方向，划分了整个世界历史的时代”[②]。

其次，俄国革命的国际意义体现为十月革命的道路“具有在国际范围内重演的历史必然性”[③]。“在目前历史时期，情况正是这样：俄国这一模范向所有国家展示了它们在不久的将来必然会发生某些事情，而且是极重大的事情。各国先进工人早就懂得了这一点，而在更多的情况下，与其说是懂得了这一点，不如说是他们凭着革命阶级的本能而领悟到了这一点，感觉到了这一点。因此苏维埃政权以及布尔什维主义的理论原理和策略原理具有国际的‘意义’（按狭义来说）。”[④]在考茨基还是一个马克思主义者而没有成为机会主义者的 1902 年，他曾在《火星报》上发表了一篇题为《斯拉夫人和革命》的文章，“以一个历史学家的态度看问题，预见到可能会有一天，俄国无产阶级的革命精神将成为西欧的模范”[⑤]。在十月革命的影响和推

①《毛泽东选集》第 1 卷，人民出版社 1991 年版，第 303 页。
②《毛泽东选集》第 2 卷，人民出版社 1991 年版，第 667 页。
③《列宁选集》第 4 卷，人民出版社 2012 年版，第 132 页。
④《列宁选集》第 4 卷，人民出版社 2012 年版，第 133 页。
⑤《列宁选集》第 4 卷，人民出版社 2012 年版，第 133 页。

动下，欧洲各国社会主义运动蓬勃发展，用事实驳斥了机会主义者的流言。在《十月革命两周年》中，列宁总结道：“我们检查了我们所走的道路，结果证明这是一条正确的道路。当我们在 1917 年取得政权的时候，我们是孤立的。当时各国都有人说，布尔什维主义不会流行起来。现在这些国家都已经有了强大的共产主义运动。在我们夺取政权后的第二年，在第三国际即共产国际建立半年后的今天，第三国际事实上已经成为各国工人运动中的最主要的力量。”①

十月革命也对像中国这样的半殖民地半封建国家产生了巨大影响，为这些国家的进步力量指明了革命的方向。1917 年 11 月 7 日，十月革命爆发当天，刘镜人在致北洋政府外交部的电报中说：“近俄内争益烈，广义派势力益张，要求操政权，主和议，并以暴动相挟制。政府力弱，镇压为难，恐变在旦夕。”②随着十月革命对中国影响的扩大，以《新青年》为代表的进步刊物开始宣传马克思主义，为中国共产党的成立奠定了基础。毛泽东在 1949 年写了这样一段精彩而凝练的论述：“十月革命一声炮响，给我们送来了马克思列宁主义。十月革命帮助了全世界的也帮助了中国的先进分子，用无产阶级的宇宙观作为观察国家命运的工具，重新考虑自己的问题。走俄国人的路——这就是结论。”③

①《列宁全集》第 37 卷，人民出版社 2017 年版，第 297—298 页。

② 绍维正主编：《日出东方：中国共产党创建纪实》，人民出版社 2011 年版，第 139 页。

③《毛泽东选集》第 4 卷，人民出版社 1991 年版，第 1471 页。

最后，具有国际意义的是俄国革命的某些基本特点而不是所有特点。“要是夸大这个真理，说它不限于我国革命的某些基本特点，那是极大的错误。如果忽略另外一点，同样也是错误的，那就是：只要有一个先进国家的无产阶级革命取得了胜利，就很可能发生一个大变化，那时，俄国很快就不再是模范的国家，而又会成为落后的（在‘苏维埃’和社会主义的意义上来说）国家了。”[①]由于各个国家在经济发展水平、民族特点、政治传统、风俗习惯、国际关系等各方面都存在或大或小的差异，因此各国革命也必然具有不同的特点，俄国革命的许多经验在其他国家不一定适用。如果不加区别地照搬照抄，势必会犯削足适履的错误，阻碍革命运动的发展。事实证明，不但西欧和乌克兰等国的社会主义运动和俄国不同，甚至在俄国某些居民成分特殊的地区，如哥萨克地区、西伯利亚地区和乌拉尔地区，布尔什维克争取胜利的运动也没有像圣彼得堡和莫斯科那样迅速展开，它们之间的具体道路也存在不同。而且，相对发达的西欧国家一旦取得无产阶级革命的胜利，它们建设社会主义的方式也将和俄国存在较大差异。

虽然如此，各国和各地区的社会主义运动依然是沿着布尔什维克指出的道路在前进的。在布尔什维克指出的道路中，最突出的基本特点就是无产阶级暴力革命和无产阶级专政，这是具有国际意义的，是马克思主义和机会主义的根本区别所在。

①《列宁选集》第 4 卷，人民出版社 2012 年版，第 132—133 页。

“欧洲大多数社会党领袖，无论是社会沙文主义派或考茨基派的领袖，都死死抱着几十年来较为‘和平’发展的资本主义和资产阶级议会制所养成的纯粹市侩的偏见，根本不可能懂得苏维埃政权和无产阶级专政。……他们奴隶似地崇拜资产阶级民主，把它叫做‘纯粹民主’或一般‘民主’。这些死死抱着资产阶级偏见的盲人，不懂得从资产阶级民主到无产阶级民主、从资产阶级专政到无产阶级专政是一个具有世界历史意义的转变。他们把俄国苏维埃政权及其发展史的某些特点同苏维埃政权的国际意义混为一谈。”[①]面对第二国际所散播的机会主义思想，列宁在《帝国主义是资本主义的最高阶段》《国家与革命》等著作中指出，在帝国主义时代，无产阶级掌握革命领导权，通过暴力革命打碎旧的国家机器，是走向社会主义的必经之路。革命胜利后，无产阶级专政是巩固社会主义、防止资本主义复辟必须坚持的原则。俄国革命第一次把无产阶级暴力革命和无产阶级专政在国家范围内付诸实践并取得阶段性胜利，在极其困难的情况下战胜了国内外敌人，为世界各国的社会主义革命树立了榜样。

三、共产主义运动的普遍规律一定要与各国具体实际相结合

对于各国的革命者来说，考虑问题一定要从实践出发，既

①《列宁选集》第3卷，人民出版社2012年版，第834—835页。

要重视学习俄国革命的普遍性经验，又要与本国的具体国情相结合，灵活地加以运用。

在马克思主义哲学看来，个别与一般、特殊与普遍是对立统一的，彼此不可分离。“对立面（个别跟一般相对立）是同一的：个别一定与一般相联而存在。一般只能在个别中存在，只能通过个别而存在。”[①]历史的发展同样如此，一般规律只能通过每一具体情况下的特殊性来体现自己。针对机会主义者对俄国革命违背历史规律的诘难，列宁说：“世界历史发展的一般规律，不仅丝毫不排斥个别发展阶段在发展的形式或顺序上表现出特殊性，反而是以此为前提的。”[②]“我们的欧洲庸人们做梦也没有想到，在东方那些人口无比众多、社会情况无比复杂的国家里，今后的革命无疑会比俄国革命带有更多的特殊性。”[③]

俄国革命是历史发展规律与俄国具体国情相结合的产物，其他国家的社会主义革命也必然要将俄国革命的经验与各国具体实际结合起来。在分析匈牙利革命时，列宁清楚地指出了匈牙利革命与俄国革命的不同。“匈牙利的苏维埃政权成立以来不过两个多月，但从组织程度方面说，匈牙利的无产阶级看来已经超过了我们。这是可以理解的，因为匈牙利居民的一般文化水平较高，其次，产业工人在全体居民中所占的比重也大得

①《列宁选集》第 2 卷，人民出版社 2012 年版，第 558 页。
②《列宁选集》第 4 卷，人民出版社 2012 年版，第 776 页。
③《列宁选集》第 4 卷，人民出版社 2012 年版，第 778 页。

多（现时匈牙利有 800 万人口，300 万集中在布达佩斯），最后，匈牙利过渡到苏维埃制度即无产阶级专政比我国容易得多，和平得多。……匈牙利过渡到无产阶级专政的形式与俄国截然不同：资产阶级政府自动辞职，工人阶级的统一、社会主义的统一立刻在共产主义纲领上恢复起来。”[①]同时，列宁也对东方国家的革命者提出了结合各国具体情况创造新的革命形式的希望：“你们面临着全世界共产党人所没有遇到过的一个任务，就是你们必须以共产主义的一般理论和实践为依据，适应欧洲各国所没有的特殊条件，善于把这种理论和实践运用于主要群众是农民、需要解决的斗争任务不是反对资本而是反对中世纪残余这样的条件。……你们必须找到特殊的形式，把全世界先进无产者同东部那些往往处在中世纪生活条件下的被剥削劳动群众联合起来。我们在小范围内即在我们国家内实现了的任务，你们将在大范围内即在一些大的国家内予以实现。……你们当前的任务，就是要继续关心怎样在每一个国家内用人民懂得的语言进行共产主义宣传。”[②]

“一切民族都将走向社会主义，这是不可避免的，但是一切民族的走法却不完全一样，在民主的这种或那种形式上，在无产阶级专政的这种或那种形态上，在社会生活各方面的社会主义改造的速度上，每个民族都会有自己的特点。再没有比‘为了历史唯物主义’而一律用浅灰色给自己描绘这方面的未来，

①《列宁选集》第 3 卷，人民出版社 2012 年版，第 834—835 页。

②《列宁选集》第 4 卷，人民出版社 2012 年版，第 79 页。

在理论上更贫乏，在实践上更可笑的了。”[①]右倾机会主义者和幼稚的“左派”共产主义者就是这样贫乏和可笑的人。“他们都自称马克思主义者，但是对马克思主义的理解却迂腐到无以复加的程度。马克思主义中有决定意义的东西，即马克思主义的革命辩证法，他们一点也不理解。”[②]“不过现在毕竟是丢掉那种认为这种教科书规定了今后世界历史发展的一切形式的想法的时候了。应该及时宣布，有这种想法的人简直就是傻瓜。”[③]列宁的这些话虽然是针对第二国际的机会主义分子和孟什维克说的，但这种批评用在“左派”共产主义者身上同样适用。

---

①《列宁选集》第 2 卷，人民出版社 2012 年版，第 777 页。
②《列宁选集》第 4 卷，人民出版社 2012 年版，第 775 页。
③《列宁选集》第 4 卷，人民出版社 2012 年版，第 778 页。

第四章　否定政党等于完全解除无产阶级的武装

马克思主义认为，政党是阶级斗争发展到一定历史阶段的必然产物。政党本质上是特定阶级利益的集中代表者，是特定阶级政治力量中的领导力量，是由各阶级的政治中坚分子为了夺取或巩固国家政治权力而组成的政治组织。近代以来工人运动的历史表明，如果缺乏政党正确而有力的领导，无产阶级的利益往往难以得到维护。“给我们一个革命家组织，我们就能把俄国翻转过来！”[①]列宁的《怎么办》中的这句名言充分表达了政党对于革命事业的重要性。然而，在国际共产主义运动中，始终存在着反对政党集中领导、鼓吹极端民主化的无政府主义思潮的影响。第二国际破产以后，一些“左派”共产党人提出了“打倒领袖”“摧毁政党”的口号，在共产国际内部造成了不良影响，一定程度上起到了瓦解各国共产党的作用。在《共产主义运动中的“左派”幼稚病》中，列宁通过批判“左派”共产党人否认党和党的领袖作用的错误观点，阐明了马克思主

①《列宁选集》第1卷，人民出版社2012年版，第406页。

义关于领袖、政党、阶级、群众之间相互关系的学说，强调了无产阶级专政的必要性，也强调了党和党的领袖的领导作用，丰富和发展了马克思主义的建党学说。

一、是领袖专政还是群众专政?

当时，自称为“原则上的反对派”的德国“左派”共产党人出版了一本名为《德国共产党（斯巴达克联盟）的分裂》的小册子，把他们关于领袖、政党、阶级、群众观点的实质表达得极其鲜明。在《共产主义运动中的“左派”幼稚病》中，列宁引证了几段原文，以帮助大家理解“左派”共产党人观点的实质。

“……现在发生这样一个问题：谁应当是专政的执行者，是共产党，还是无产阶级？……原则上应该力求实现的是共产党的专政，还是无产阶级的专政？……”

“……于是，现在有两个共产党彼此对立着：一个是领袖的党，它力图从上面来组织和指挥革命斗争，不惜实行妥协和参加议会活动，以便造成一种形势，使他们可以参加掌握专政大权的联合政府。另一个是群众的党，它等待革命斗争从下面高涨起来，为了进行这一斗争，它只知道并且只采用一个明确地引向目的的方法，而排斥任何议会方法和机会主义方法；这个唯一的方法就是无条件地推翻资产阶级，以便随后建立无产阶

级的阶级专政来实现社会主义……”

“……那里是领袖专政，这里是群众专政！这便是我们的口号。”[①]

在德国“左派”共产党人的观点里，政党和阶级是对立的，领袖和群众也是对立的。他们崇拜群众的自发性，认为无产阶级可以不通过政党来直接实行专政，而所谓的“领袖”不过是脱离群众，站在群众之上凭空指挥的一帮人。群众要摆脱这些“领袖”的领导和组织，靠自己的力量向社会主义前进。对此，列宁是这样评论的“凡是自觉参加过或仔细观察过1903年以来布尔什维主义发展过程的布尔什维克，读了这些议论，一定会立刻说：‘这是多么熟悉的陈词滥调！这是多么‘左的’孩子气！’”[②]

那么，列宁为什么这么说呢？因为布尔什维克就是在与崇拜群众自发性、忽视政党自觉作用的错误思潮的斗争中一步步走过来的。1898年3月，俄国社会民主工党第一次代表大会召开，宣告了俄国社会民主工党的成立。但是，俄国社会民主工党其实并没有真正建立起来。俄国社会民主工党第一次代表大会以后，各个地方机关、地方委员会和小组处于思想混乱、政治动摇、组织涣散的状态，并没有统一的领导。革命组织的发展程度远远落后于革命形势的迫切需要。“俄国群众的自发高潮来得这样迅速（并且继续在迅速地发展），以致社会民主党的青年们对于完成这些巨大的任务显得缺乏修养。这种缺乏修

①《列宁选集》第4卷，人民出版社2012年版，第150—151页。

②《列宁选集》第4卷，人民出版社2012年版，第151页。

养的状况是我们大家的不幸，是全体俄国社会民主党人的不幸。……革命家无论在自己的‘理论’或自己的活动中，都落后于这个高潮，没有建立起一种连续不断的、前后相承的、能够领导全部运动的组织。”[①]“群众的自发高潮愈增长，运动愈扩大，对于社会民主党在理论工作、政治工作和组织工作方面表现巨大的自觉性的要求也就愈无比迅速地增长起来。”[②]然而，当时党内的“经济派”却鼓吹所谓的“批评自由”，反对集中统一领导。他们盲目崇拜群众的自发性，反对建立革命家组织。他们主张“纯粹工人运动”，反对任何非工人的知识分子，哪怕是社会主义的知识分子。如果任由这种思潮泛滥，工人运动的领导权将落入修正主义者手中，无产阶级运动将失去正确的方向。为此，列宁对这种思潮展开了坚决的驳斥。“对工人运动自发性的任何崇拜，对‘自觉因素’的作用即社会民主党的作用的任何轻视，完全不管轻视者自己愿意与否，都是加强资产阶级思想体系对工人的影响。”[③]那些主张“纯粹工人运动”的人攻击列宁夸大了意识形态的作用，夸大了自觉因素的作用。他们否认党的领导作用，认为“工人只要能够‘从领导者手里夺回自己的命运’，纯粹工人运动本身就能够创造出而且一定会创造出一种独立的意识形态”[④]。殊不知，这是极端错误的。“自发的工人运动就是工联主义的、也就是

①《列宁选集》第 1 卷，人民出版社 2012 年版，第 339 页。
②《列宁选集》第 1 卷，人民出版社 2012 年版，第 338—339 页。
③《列宁选集》第 1 卷，人民出版社 2012 年版，第 325 页。
④《列宁选集》第 1 卷，人民出版社 2012 年版，第 325 页。

纯粹工会的运动，而工联主义正是意味着工人受资产阶级的思想奴役。”①

列宁指出，对“民主”这一观念的认识不清也是将群众和领袖、阶级和政党对立起来的思想根源之一。“原始的”民主观点认为，“民主的必要特征就是要由大家来担负工会管理方面的一切工作：不仅一切问题要由全体会员表决，并且工会的职位也要由全体会员轮流担任”②。没有组织、没有代表、没有领袖的社会主义是“无政府主义者和著作家的社会主义”，是只能停留在脑海中的幻想。这种幻想听起来美丽动人，然而在现实生活中它不过是标新立异、哗众取宠罢了。“只有通过长期的历史经验，工人才懂得这样一种民主观念是荒唐的，才懂得必须成立代表机关和设置专职人员。”③

二、关于领袖、政党、阶级、群众的常识

针对“左派”共产党人的幼稚想法，列宁不禁感叹：“‘是党专政还是阶级专政？是领袖专政（领袖的党）还是群众专政（群众的党）？’——单是问题的这种提法就已经证明思想混乱到了不可思议的无可救药的地步。”④列宁认为，“这些人竭力

①《列宁选集》第 1 卷，人民出版社 2012 年版，第 327 页。
②《列宁选集》第 1 卷，人民出版社 2012 年版，第 420 页。
③《列宁选集》第 1 卷，人民出版社 2012 年版，第 420 页。
④《列宁选集》第 4 卷，人民出版社 2012 年版，第 151 页。

要标新立异，结果却弄巧成拙”[①]。他们连关于领袖、政党、阶级、群众的最起码的常识和最简单明了的道理都不懂。“谁都知道，群众是划分为阶级的；只有把不按照生产的社会结构中的地位区分的大多数同在生产的社会结构中占有特殊地位的集团对立时，才可以把群众和阶级对立起来；在通常情况下，在多数场合，至少在现代的文明国家内，阶级是由政党来领导的；政党通常是由最有威信、最有影响、最有经验、被选出担任最重要职务而称为领袖的人们所组成的比较稳定的集团来主持的。”[②]列宁还以俄国当时的实际情况对这一常识做了说明。“专政是由组织在苏维埃中的无产阶级实现的，而无产阶级是由布尔什维克共产党领导的。……我们党每年召开一次代表大会(最近一次代表大会，每 1000 个党员选代表 1 人参加)，由大会选出 19 人组成中央委员会领导全党，而且在莫斯科主持日常工作的则是更小的集体，即由中央全会选出的所谓‘组织局’和‘政治局’，各由 5 名中央委员组成。这样一来，就成为最地道的‘寡头政治’了。我们共和国的任何一个国家机关没有党中央的指示，都不得决定任何一个重大的政治问题或组织问题。”[③]这种状况可能在有些人看来是“独裁”和“非民主”，然而它却是当时俄国战胜国内外各种困难、推进社会主义事业所必需的。

那么，“左派”共产党人为何会无视最起码的常识呢？

①《列宁选集》第 4 卷，人民出版社 2012 年版，第 151 页。
②《列宁选集》第 4 卷，人民出版社 2012 年版，第 151 页。
③《列宁选集》第 4 卷，人民出版社 2012 年版，第 157 页。

一方面，“由于党的合法状态和不合法状态的迅速更替破坏了领袖、政党和阶级之间那种通常的、正常的和简单的关系，人们面对这种难于理解的情况，思想便发生了混乱”[①]。在德国，人们过分习惯于在合法状态下由政党定期举行公开的代表大会自由地、正常地选举自己的领袖。然而，随着革命的急剧发展和国内阶级斗争的展开，党组织的活动不得不转而交替使用合法的和不合法的方式。有时推选领袖采取的是非民主的、任命式的方法，有时可能因为各种条件的不具备而不能举行代表大会，因此保留了之前的领导集团。荷兰共产党某些党员甚至根本没有见过合法状态和不合法状态的相互更替。他们过分习惯于在长期合法状态下遵循党内生活的民主程序开展工作，不懂得形势的急剧变化必然要求产生新的工作方式，从而陷入思想混乱，产生了各种荒谬的臆想。

另一方面，由于在第一次世界大战期间及战后，第二国际的领导者中纷纷出现了叛徒领袖、机会主义者和社会沙文主义者，因而“领袖”遭到了攻击。然而，许多人“并不是拒绝坏的领导者而去找好的领导者，而是想根本拒绝任何领导者而去找‘群众’”[②]。他们只是学会了怎样攻击“领袖”，怎样在字面上把“领袖”同“群众”对立起来，却根本没有弄清楚事情的本质。马克思和恩格斯曾以英国为例分析过出现这种“领袖”和“群众”分离现象的基本原因。“英国的垄断地位使‘群众’分

①《列宁选集》第4卷，人民出版社2012年版，第151—152页。

②《列宁选集》第1卷，人民出版社2012年版，第401页。

化出一部分半市侩的机会主义的‘工人贵族’。这种工人贵族的领袖们总是投靠资产阶级，直接间接地受资产阶级豢养。……他们只顾自己这个行会的利益，只顾自己这个工人贵族阶层的利益。于是机会主义的政党就脱离了‘群众’，即脱离了最广大的劳动阶层，脱离了大多数劳动者，脱离了工资最低的工人。”①

由于以上两方面的原因，“左派”共产党人把群众专政和领袖专政根本对立起来了，列宁认为这是非常荒唐、愚蠢、可笑的想法。非但如此，更让人感到可笑的是，犯有幼稚病的人们在“打倒领袖”这一口号的掩饰下，实际上竟把一些胡说八道、满口谬论的新领袖拉出来代替老领袖。老领袖对普通事物还能持常人见解，而这些所谓的新领袖连这一点都做不到。“否定政党和党的纪律，——这就是反对派得到的结果。而这就等于完全解除无产阶级的武装而有利于资产阶级。这也恰恰就是小资产阶级的散漫、动摇、不能坚持、不能团结、不能步调一致，而这些一旦得到纵容，就必然断送无产阶级的任何革命运动。”②

党和党的领袖的正确领导不但是抵制机会主义、推动无产阶级革命运动发展的必要条件，也是革命胜利后社会形势发展的客观需要。社会主义革命的胜利并不意味着阶级和阶级斗争的消亡，而在阶级消亡以前，政党是不会消亡的。无论是从生产力发展的角度，还是从群众的思想意识发展情况来看，阶级的消亡都将需要一个漫长的过程，阶级在无产阶级夺取政权之

①《列宁选集》第 4 卷，人民出版社 2012 年版，第 152—153 页。

②《列宁选集》第 4 卷，人民出版社 2012 年版，第 154 页。

后还将存在很长时间。幼稚的“左派”共产党人妄图在阶级社会里消灭政党，这不能不说是一种有害无益的空想。“从共产主义的观点看来，否定政党就意味着从资本主义崩溃的前夜（在德国）跳到共产主义的最高阶段而不是进到它的低级阶段和中级阶段。”[①]与此同时，“消灭阶级不仅意味着要驱逐地主和资本家，——这个我们已经比较容易地做到了——而且意味着要消灭小商品生产者，可是这种人不能驱逐，不能镇压，必须同他们和睦相处；可以（而且必须）改造他们，重新教育他们，这只有通过很长期、很缓慢、很谨慎的组织工作才能做到”[②]。无论是彻底驱逐地主和资本家的剧烈变革，还是消灭小生产者这样长期而缓慢的组织工作，都需要实行无产阶级专政。而没有革命政党和领袖的正确领导，无产阶级专政是不可能巩固的。

列宁指出：“无产阶级专政是对旧社会的势力和传统进行的顽强斗争，流血和不流血的，暴力的和和平的，军事的和经济的，教育的和行政的斗争。千百万人的习惯势力是最可怕的势力。没有铁一般的和在斗争中锻炼出来的党，没有为本阶级一切正直的人们所信赖的党，没有善于考察群众情绪和影响群众情绪的党，要顺利地进行这种斗争是不可能的。”[③]列宁还进一步指出，因为无产阶级大部分来自破产的小生产者，而现有的小生产者自发势力的侵蚀，就会引起无产阶级队伍中某些小

①《列宁选集》第 4 卷，人民出版社 2012 年版，第 154 页。

②《列宁选集》第 4 卷，人民出版社 2012 年版，第 154 页。

③《列宁选集》第 4 卷，人民出版社 2012 年版，第 154—155 页。

资产阶级的旧病复发。小资产阶级的自发势力和旧习气，是千百万人的习惯势力，它会从各方面包围、浸染、腐蚀无产阶级，成为工人和党员中产生新的资产阶级分子的一个重要思想根源。习惯是最难打破的，战胜千百万小业主实际上是比战胜地主和资本家困难千百倍的任务。如果不能在党的坚强领导下完成这个艰巨的任务，资本主义复辟的危险就将始终存在。

三、学会把领袖和群众结成一个不可分离的整体

列宁如此强调党和领袖的重要性，是否意味着他忽视了群众的作用呢？当然不是。列宁反对的是把政党和阶级、领袖和群众对立起来的错误主张。“什么‘从上面’还是‘从下面’，什么领袖专政还是群众专政等等议论不能不是一派幼稚可笑的胡说，犹如争辩究竟是左脚还是右手对人更有用处一样。”[①]在深谙辩证法的列宁看来，政党和阶级、领袖和群众处在同一个不可分离的整体之中，它们之间不存在什么谁比谁更重要的说法。政党从阶级中产生，服务于本阶级斗争的需要，是本阶级政治力量的集中代表；无产阶级领袖从群众中产生，服务于群众的根本利益，是人民群众政治方向的集中代表。没有领袖的正确组织与领导，群众将可能成为一盘散沙，失去前进的方向；而没有群众的支持，再伟大的领袖也将成为无源之水、无本之

①《列宁选集》第 4 卷，人民出版社 2012 年版，第 159 页。

木，失去力量的来源。一方面，“每一个社会时代都需要有自己的大人物，如果没有这样的人物，它就要把他们创造出来”[①]。革命领袖是能适应时代要求、代表当时社会的发展方向的人，对社会发展会起巨大的推动作用。一个由“最有威信、最有影响、最有经验、被选出担任最重要职务而称为领袖的人们所组成的比较稳定的集团来主持”[②]的革命政党，在政治上才是成熟的。这是无产阶级革命事业胜利的保证和希望。“无产阶级的自发斗争如果没有坚强的革命家组织的领导，就不能成为无产阶级的真正的‘阶级斗争’”[③]。另一方面，“构成历史的真正的最后动力的动力……与其说是个别人物、即使是非常杰出的人物的动机，不如说是使广大群众、使整个整个的民族，并且在每一个民族中间又是使整个整个阶级行动起来的动机”[④]。领导者必须真正发动群众，而不能只停留在自己的小圈子里。从外部推动的群众运动不可能成为真正的力量，只有当领导者的工作在群众中深深扎下根时，革命事业才能蓬勃发展。因此，任何把个人包括领袖或英雄，和整个阶级及群众对立起来、割裂开来的理论，都是荒谬的。因此，列宁尖锐地指出，一个党若不学会把领袖和阶级、领袖和群众结成一个不可分离的整体，便不配拥有无产阶级政党的称号。

其实，早在十几年前列宁就以当时德国的具体情况为例说

---

①《马克思恩格斯选集》第 1 卷，人民出版社 2012 年版，第 502 页。

②《列宁选集》第 4 卷，人民出版社 2012 年版，第 151 页。

③《列宁选集》第 1 卷，人民出版社 2012 年版，第 414 页。

④《马克思恩格斯选集》第 4 卷，人民出版社 2012 年版，第 255—256 页。

明了这个道理，可惜许多“左派”共产党人却依然不懂。列宁是这样描述德国社会党领袖和群众的关系的：“他们的组织包括群众，一切事情都是由群众来干，工人运动已经学会用自己的腿走路，我想你们一定不会否认这一点吧？可是，这些数以百万计的群众又是多么重视自己的‘十来个’经过考验的政治领袖，多么坚决拥护这些领袖啊！”[①]当时，倍倍尔和李卜克内西作为领袖始终得到党内群众的绝对信任和衷心拥护，以至于很多年来都是他们作为代表出面在议会和敌人做公开斗争。结果是，敌对党的议员讥讽地说：“你们的那些所谓从工人中选举出来的议员，真是比皇帝册封的官吏还难得调换呢！”[②]他们借此声称德国社会党只是口头上讲民主，口头上说自己代表工人阶级，企图以此蛊惑人心，把群众与领袖对立起来，激发群众的劣根性和虚荣心，破坏群众对领袖的信任。在德国工人运动内部，也有人一味地赞美群众自发的力量，号召大家轻率地进行革命行动，并散布对领袖不信任的言论。然而，有着丰富政治经验的德国人民没有被这些错误的思想所迷惑。他们懂得，“在现代社会中，假如没有‘十来个’富有天才（而天才人物不是成千成百地产生的）、经过考验、受过专业训练和长期教育并且彼此配合得很好的领袖，无论哪个阶级都无法进行坚持不懈的斗争”[③]。德国的工人运动正是由于同割裂领袖和群众之间

①《列宁选集》第 1 卷，人民出版社 2012 年版，第 401 页。
②《列宁选集》第 1 卷，人民出版社 2012 年版，第 401 页。
③《列宁选集》第 1 卷，人民出版社 2012 年版，第 401 页。

关系的幼稚思想进行了毫不妥协的斗争，才得到了发展和巩固。

从根本上来说，领袖、政党、阶级、群众之间关系的问题背后其实关系到如何认识个人在历史中的作用。对于这个问题，历史上一直存在着两派相互对立的观点。一派夸大个人的历史作用，尤其是夸大领袖和杰出人物的作用，把一切都归因于个人的自觉活动；另一派则过分强调历史运动的规律性，贬低甚至抹杀个人在历史发展中的作用。两派的共同特点是把历史过程的规律性与人的自觉活动形而上学地对立起来，看不到二者之间的联系。“人民，只有人民，才是创造世界历史的动力。”[①]人民创造历史，但不能根据这一历史唯物主义的原理机械地否认个人特别是无产阶级领袖和杰出人物在历史中的重要作用。无产阶级领袖是革命斗争的领路人和带头人。他们善于从实际斗争中把握社会发展的客观规律，善于把马克思主义的普遍原理同本国的具体实践结合起来，从而制定适合本国国情的纲领、路线、方针和政策。他们能够在复杂的斗争形势中为广大群众指明前进的方向，并站在斗争的最前列。正如普列汉诺夫所说的：“伟大人物之所以伟大，并不是因为他的个人特点使伟大的历史事变具有个别的外貌，而是因为他所具备的特点，使他自己最能为当时在一般和特殊的原因影响下所发生的伟大社会需要服务。……伟大人物确实是创始人，因为他的见识要比别人的远些，他的愿望要比别人的强烈些。他把先

①《毛泽东选集》第3卷，人民出版社1991年版，第1031页。

前的社会智慧发展进程所提出的科学任务拿来加以解决；他把先前的社会关系发展过程所造成的新的社会需要指明出来；他担负起满足这些需要的发起责任。他是个英雄。其所以是个英雄，并不是说他能阻止或者改变事物的自然进程，而是说他的活动是这个必然和不自觉进程的自觉的和自由的表现。他的全部作用就在于此，他的全部力量就在于此。但这是一种莫大的作用，是一种极大的力量。”[①]同时，领袖不是自封的，而是在群众的斗争实践中涌现出来，并为群众所公认的。领袖必须保持同群众的密切联系，这既是一种优秀的品质，也是他们能在历史上发挥伟大作用的力量源泉。因此，既不能神化革命领袖，鼓吹个人崇拜，也不能忽视革命领袖的巨大作用。领袖不是一个人，而是一批人，是一个稳定的领导集体。一个成熟的阶级应当懂得维护并服从领袖的正确领导，一个有希望的民族应该学会尊重并维护自己的伟大人物。

在长期的革命实践中，布尔什维克探索出了多种使党和群众密切联系的具体形式，从而促进把政党和阶级、领袖和群众结成一个不可分离的整体。作为工人阶级的政党，共产党首先要直接依靠工会来开展自己的工作。列宁说：“工会形式上是一种非党的组织，而实际上大多数工会的领导机构……都由共产党员组成，执行党的一切指示。……党就是通过这个机构同本阶级和群众保持密切联系的；阶级专政就是通过这个机构在

①〔苏〕普列汉诺夫：《论个人在历史上的作用问题》，唯真译，生活·读书·新知三联书店1965年版，第38页。

党的领导下实现的。如果没有同工会的极密切的联系，没有工会的热烈支持，没有工会不仅在经济建设方面，而且在军事建设方面奋不顾身的工作，那么别说我们能管理国家和实行专政两年半，就是两个半月也不成。”[①]除了工会以外，布尔什维克还创造了非党工农代表会议这样一种机构来了解群众的想法，接近群众并回应群众的要求。同时，通过各种形式不断发现群众中的优秀分子，提拔他们担任公职，参与国家的管理和监督，这样就增强了党和非党群众的紧密联系。至于更为普遍的苏维埃，它不分职业，把所有劳动群众团结在一起。通过苏维埃代表大会这种前所未有的民主机构，党和所有劳动群众都发生了联系。以上这些形式要能真正起到良好的作用，就必须和小资产阶级思想进行坚决的斗争，从思想上讲清楚资产阶级民主和无产阶级民主的区别，讲清楚民主和专政的关系，讲清楚政党和领袖在无产阶级事业中的重要地位。

①《列宁选集》第 4 卷，人民出版社 2012 年版，第 157—158 页。

第五章　加强纪律性，革命无不胜

与否定政党作用相联系的另一个问题是不懂得纪律对于无产阶级革命事业的重要性，这两种错误倾向的背后都受到了小资产阶级的无政府主义思想的影响。当时，受无政府主义思潮影响的一些"左派"共产党人反对在党内实行严格的民主集中制和严格的组织纪律，认为不应当用纪律去限制"民主"和"自由"。列宁认为，这是极其幼稚的。没有铁的纪律，无产阶级将成为一盘散沙，丧失革命的战斗力。在《共产主义运动中的"左派"幼稚病》中，列宁集中地、鲜明地阐述了严格的纪律对于无产阶级事业的极端重要性。"如果我们党没有极严格的真正铁的纪律，如果我们党没有得到整个工人阶级全心全意的拥护，就是说，没有得到工人阶级中所有一切善于思考、正直、有自我牺牲精神、有威信并且能带领或吸引落后阶层的人的全心全意的拥护，那么布尔什维克别说把政权保持两年半，就是两个半月也保持不住……俄国无产阶级专政取得胜利的经验向那些不善于思索或不曾思索过这一问题的人清楚地表明，无产阶级实现无条件的集中和极严格的纪律，是战胜资产阶级的基本条件之一。"①

---

①《列宁选集》第 4 卷，人民出版社 2012 年版，第 134—135 页。

一、小资产阶级思想在纪律问题上的幼稚

当时，一些“左派”共产党人认为，党应该是一个绝对民主的机构，严格的集中制会对党内的民主氛围产生不良影响。同时，他们强调每个人都应该是自由的个体，严格的纪律会限制自由的空间。他们将民主与集中、自由与纪律对立起来，反对将党建设成为一个具有高度组织性和纪律性的团体。

这种错误思想在布尔什维克的历史上其实早就出现过，列宁也曾经与之做过坚决的斗争。1903 年，在俄国社会民主工党第二次代表大会上，围绕党纲第一条关于党员条件的规定，党内发生了激烈的争论。马尔托夫提出，只要一个人承认党纲、并在党的监督和领导下为实现党的任务而积极工作，那么这个人就可以成为党的一员。列宁则在他的草案中提出，只有一个人承认党纲、在物质上支持党并亲自参加党的一个组织，才可以成为党员。对比这两种说法我们可以发现，二者最重要的区别在于，马尔托夫只要求党员在党的监督和领导下工作，列宁则要求党员一定要亲自参加党的一个组织。列宁之所以强调党员一定要参加党的一个组织，是因为空洞地讲党的监督和领导是没有用的。脱离了组织，也就谈不上纪律；而没有纪律的约束，党的监督和领导是根本实现不了的。马尔托夫的条文几乎让每一个人都自由地可以在口头上宣布自己是社会民主工党的成员，而党在实际上根本无法领导和约束这些人。这样做可以

使党员的数量看起来很多，使党的声势看来很大。但是，一个没有坚强的组织和严格的纪律的政党其实只是一盘散沙，根本没有任何战斗力。因此，列宁说："问题正在于是彻底实行组织原则，还是崇尚涣散状态和无政府状态。"[①]

列宁还针对所谓"批评自由"的问题指出，虽然无产阶级政党内部允许党员行使自由批评与讨论的民主权利，允许不同意见的存在，但是从根本上来说，必须做到个人服从集体，把党的整体利益置于个人利益之上。每个党员必须要维护并执行党的决定，全力捍卫党的团结与统一。片面强调民主和自由，忽视党的组织纪律，最终只会把党引向涣散状态和无政府状态，从而无法战胜各种敌人。正是因为在这一重要问题上列宁捍卫了无产阶级的建党原则，布尔什维克才能够在极其严峻的环境中一步步成长和巩固起来。

在这种错误思潮的背后，其实是小资产阶级的革命性在作怪。列宁说："这种革命性有些像无政府主义，或者说，有些地方照搬无政府主义；它在任何重大问题上，都背离无产阶级进行坚韧的阶级斗争的条件和要求。"[②]无产阶级和全人类的解放事业必定是一个长期而艰苦的过程，在这一过程中还可能会出现各种曲折和反复。因此，无产阶级在这场斗争中必须具备组织性和坚韧性。而"小私有者，即小业主（这一社会类型的人在欧洲许多国家中都十分普遍地大量存在着），在资本主义制度下一直受到压迫，生活往往异常急剧地恶化，以至遭到破

①《列宁选集》第 1 卷，人民出版社 2012 年版，第 472 页。
②《列宁选集》第 4 卷，人民出版社 2012 年版，第 142 页。

产，所以容易转向极端的革命性，却不能表现出坚韧性、组织性、纪律性和坚定性。被资本主义摧残得‘发狂’的小资产者，和无政府主义一样，是一切资本主义国家所固有的一种社会现象。这种革命性动摇不定，华而不实，而且很容易转为俯首听命、消沉颓丧、耽于幻想，甚至转为‘疯狂地’醉心于这种或那种资产阶级的‘时髦’思潮——这一切都是人所共知的”[①]。而所谓“民主”和“自由”就是资产阶级一再鼓吹的最重要的“时髦”思潮。小资产者打着为工人和社会主义事业效劳的旗号，事实上鼓吹无政府主义思想，反对组织性和纪律性，实际是为他们自己效劳——因为这样他们就不用对自己身上的散漫性和动摇性进行艰苦的改造了。

二、极严格的纪律是取得胜利的基本条件

无产阶级在资本主义社会中虽然在人数上处于多数，但是在经济和文化上均处于落后地位，也缺乏政治斗争的经验。即使在夺取政权之后的很长一段时间内，无产阶级在经济文化水平上也依然赶不上资产阶级。因此，无产阶级要战胜资产阶级，完成阶级解放，除了组织和纪律，没有别的武器。关于这一点，革命先驱们很早就有清醒的认识。1859 年 5 月 18 日，马克思在致恩格斯的信中明确指出：“我们现在必须绝对保持党的纪

①《列宁选集》第 4 卷，人民出版社 2012 年版，第 142—143 页。

律，否则将一事无成。”[①]恩格斯认为，在无产阶级革命斗争中，“胜利的首要条件是严格遵守纪律，而一切革命的高调和喧嚷都不可避免地会导致失败。这种纪律是一个有成效的和坚强的组织的首要条件，是资产阶级最害怕的”[②]。恩格斯还曾在对巴枯宁主义的批判中深刻阐明了坚持党的纪律对保持党的无产阶级先锋队性质、加强党的建设的重要性。“没有任何党的纪律，没有任何力量在一点的集中，没有任何斗争的武器！那末未来社会的原型会变成什么呢？简而言之，我们采用这种新的组织会得到什么呢？会得到一个早期基督教徒那样的畏缩胆怯的而又阿谀奉承的组织。”[③]

列宁也在他领导革命活动的早期就认识到了革命纪律的重要性。“为了保证党内团结，为了保证党的工作集中化，还需要有组织上的统一，而这种统一在一个已经多少超出了家庭式小组范围的党里面，如果没有正式规定的党章，没有少数服从多数，没有部分服从整体，那是不可想象的。”[④]无产阶级“所以能够成为而且必然会成为不可战胜的力量，就是因为它根据马克思主义原则形成的思想一致是用组织的物质统一来巩固的，这个组织把千百万劳动者团结成一支工人阶级的大军”[⑤]。在《进一步，退两步》中，列宁指出：“党组织愈坚强，党内

①《马克思恩格斯全集》第 29 卷，人民出版社 1972 年版，第 413 页。
②《马克思恩格斯全集》第 36 卷，人民出版社 1974 年版，第 540 页。
③《马克思恩格斯全集》第 17 卷，人民出版社 1963 年版，第 519 页。
④《列宁选集》第 1 卷，人民出版社 2012 年版，第 499 页。
⑤《列宁选集》第 1 卷，人民出版社 2012 年版，第 526 页。

的动摇性和不坚定性愈少，党对于在它周围的、受它领导的工人群众的影响也就会愈加广泛、全面、巨大和有效。"[①]针对俄国党内在组织问题上存在的机会主义和无政府主义倾向，列宁强调，党的联系不能而且不应当靠"朋友关系或盲目的、没有根据的'信任'来维持"，而是"一定要以正式的，即所谓'用官僚主义态度'（在自由散漫的知识分子看来）制定的章程为基础，也只有严格遵守这个章程，才能保证我们摆脱小组的刚愎自用，摆脱小组的任意胡闹，摆脱美其名为思想斗争的自由'过程'的小组争吵"[②]。正是依靠着强大的组织性和纪律性，布尔什维克才能战争各种反对力量，一步步取得革命的胜利。进入严酷的国内战争时期，新生的苏维埃政权面临强大的帝国主义和白匪分子的内外夹击，最终取得了令人震撼的胜利，保存了世界上第一个社会主义国家。在这当中，布尔什维克的纪律严明同样是一个很关键的因素。列宁指出，如果没有严明的纪律和高效有力的集中指挥，布尔什维克绝不能完成反对内外敌人这个艰巨的任务。

在列宁看来，铁的纪律不仅是革命和战争的需要，也是社会主义建设的保障。无产阶级政党要完成带领广大人民群众彻底推翻私有制，建立没有剥削、没有压迫的美好社会这一艰巨的历史使命，必须要以严格的纪律作为保证。国内战争结束后，苏维埃政权面临恢复国民经济和开展社会主义建设的中心任务。同时，苏维埃政权还面临着旧制度的残余势力利用国内经

①《列宁选集》第1卷，人民出版社2012年版，第473页。

②《列宁选集》第1卷，人民出版社2012年版，第504页。

济困难和人民的不满情绪煽动颠覆活动带来的危险。列宁认为，没有铁的纪律，社会主义建设事业就毫无希望，无产阶级专政的政权就难以得到巩固。“现在的任务是要把无产阶级所能集中的一切力量，把无产阶级的绝对统一的力量都投到经济建设这一和平任务上去，都投到恢复被破坏了的生产这一任务上去。这里需要有铁一般的纪律，铁一般的组织，否则，我们不仅支持不了两年多，甚至连两个月也支持不了。”①

革命胜利以后，虽然资产阶级在政治上和经济上被推翻了，但资本主义的腐蚀和复辟的危险并没有消除。“资产阶级的反抗，由于资产阶级被推翻（哪怕是在一个国家内）而凶猛十倍；资产阶级的强大不仅在于国际资本的力量，在于它的各种国际联系牢固有力，而且还在于习惯的力量，小生产的力量。这是因为世界上可惜还有很多很多小生产，而小生产是经常地、每日每时地、自发地和大批地产生着资本主义和资产阶级的。”②与此同时，由于无产阶级中的很多人都出身于小资产阶级，受小资产阶级的影响，因此“小资产阶级的自发势力从各方面来包围无产阶级，浸染无产阶级，腐蚀无产阶级，经常使小资产阶级的懦弱性、涣散性、个人主义以及由狂热转为灰心等旧病在无产阶级内部复发起来。要抵制这一切，要使无产阶级能够正确地、有效地、胜利地发挥自己的组织作用（而这正是它的主要作用），无产阶级政

①《列宁选集》第 4 卷，人民出版社 2012 年版，第 121 页。
②《列宁选集》第 4 卷，人民出版社 2012 年版，第 135 页。

党的内部就必须实行极严格的集中和极严格的纪律”[①]。无产阶级要战胜旧势力、旧文化的影响，真正建立社会主义的稳固根基，就必须实行和巩固无产阶级专政。“无产阶级专政的实质不仅在于暴力，而且主要不在于暴力。它的主要实质在于劳动者的先进部队、先锋队、唯一领导者即无产阶级的组织性和纪律性。”[②]没有严格的纪律，专政只是一句空话。“不进行长期的、顽强的、拼命的、殊死的战争，不进行需要坚持不懈、纪律严明、坚定不移、百折不挠和意志统一的战争，便不能战胜资产阶级。”[③]“左派”共产党人关于所谓“民主”和“自由”的幻想不但无益于事业的发展，反而会在客观上帮助敌人，对革命造成极大迫害。“谁哪怕是把无产阶级政党的铁的纪律稍微削弱一点（特别是在无产阶级专政时期），那他事实上就是在帮助资产阶级来反对无产阶级。”[④]

“无产阶级的目的是建成社会主义，消灭社会的阶级划分，使社会全体成员成为劳动者，消灭一切人剥削人现象的基础。”[⑤]但是，这个目的不是一下子可以实现的，消灭阶级需要经过一个长期、艰难、顽强的斗争过程。因此，马克思主义认为，在从资本主义到社会主义的整个过渡时期都必须坚持无产阶级专政。“在推翻资本权力以后，在破坏资产阶级国家以后，在建

①《列宁选集》第 4 卷，人民出版社 2012 年版，第 154 页。
②《列宁选集》第 3 卷，人民出版社 2012 年版，第 835 页。
③《列宁选集》第 4 卷，人民出版社 2012 年版，第 135 页。
④《列宁选集》第 4 卷，人民出版社 2012 年版，第 155 页。
⑤《列宁选集》第 3 卷，人民出版社 2012 年版，第 835 页。

立无产阶级专政以后，阶级斗争并不是消失（如旧社会主义和旧社会民主党中的庸人所想象的那样），而只是改变它的形式，在许多方面变得更加残酷。”[①]反抗社会主义变革的，不仅有“自觉进行反抗的资本家及其在资产阶级知识分子中为数众多的走卒”，还有“往往是不自觉地进行反抗的大批过分拘守小资产阶级习惯和传统的劳动者（包括农民在内）”[②]。农民等小生产者在社会中处于中间地位，他们一方面是劳动者，一方面是私有者。这种双重身份使得他们不可避免地在社会变革中处于动摇当中。“农民作为劳动者，倾向于社会主义，更愿意要工人专政而不要资产阶级专政。农民作为粮食出售者，倾向于资产阶级，倾向于自由贸易，就是说，要退到‘惯常的’、旧有的、‘历来的’资本主义去。”[③]小生产者向何处去，完全取决于无产阶级和资产阶级的力量对比及阶级斗争的形势。因此，“要使无产阶级能引导农民和一切小资产阶级阶层前进，就必须有无产阶级专政，必须有一个阶级的政权，必须有这个阶级的组织性和纪律性的力量，必须有这个阶级的以资本主义文化、科学、技术的一切成果为基础的集中的实力，必须以无产阶级感情体会一切劳动者的心理，并在农村或小生产中的涣散的、不够开展的、政治上不够稳定的劳动者面前具有威信”[④]。只有无产阶级自身具备了高度的组织性和纪律性，才能在一切劳

①《列宁选集》第 3 卷，人民出版社 2012 年版，第 836 页。
②《列宁选集》第 3 卷，人民出版社 2012 年版，第 835—836 页。
③《列宁选集》第 3 卷，人民出版社 2012 年版，第 836 页。
④《列宁选集》第 3 卷，人民出版社 2012 年版，第 836 页。

动者当中建立起新的同志式的纪律，从而“代替中世纪的农奴制的纪律，代替资本主义制度的饥饿纪律，‘自由’雇佣奴隶制的纪律”[①]。只有这样，无产阶级才能赢得人民的广泛拥护，使小资产者和中间阶层坚定地跟着自己走。“像市侩化的社会沙文主义者和考茨基派所喜好的那样，空谈一般‘民主’，空谈‘统一’或‘劳动民主派的统一’，空谈一切‘劳动者的’‘平等’等等，是无济于事的。空谈只能蒙蔽眼睛，蒙蔽意识，巩固资本主义、议会制、资产阶级民主制的因循守旧的习气。”[②]

那么，无产阶级所应建立的纪律是什么样的呢？列宁说：“行动一致，讨论和批评自由——这就是我们明确的看法。只有这样的纪律才是先进阶级民主主义政党所应有的纪律。”[③]庸俗的机会主义者认为纪律和民主自由是矛盾的，然而事实根本就不是这样的。他们完全不懂得辩证法，只知道拿一些空洞的概念和原则来反对从实际出发的正确路线。组织有纪律，思想无禁区。作为一个肩负战斗任务的政治组织，无产阶级政党必须保持行动的一致，少数必须服从多数的决定，个人必须执行组织的决定，不允许出现有令不行、有禁不止的情况。像加米涅夫和季诺维也夫那样在十月革命前公开违背党关于武装起义的决议并向敌人透露党的机密的做法简直就是对革命的背叛。因

①《列宁选集》第 3 卷，人民出版社 2012 年版，第 836 页。
②《列宁选集》第 3 卷，人民出版社 2012 年版，第 836 页。
③《列宁全集》第 14 卷，人民出版社 2017 年版，第 121 页。

此，列宁主张把他们开除出党。即使这样，列宁始终坚持党员有在党内充分表达并保留自己观点的自由。在保证行动一致的同时，无产阶级政党内部应当有充分的民主，少数有权利坚持自己的观点，并能够在党的会议上或通过其他正常渠道对多数的决定提出批评。当然，组织如果认为少数的观点不对，也可以进行反批评。这种建立在自由和民主之上的批评与反批评恰恰是无产阶级政党保持活力的重要基础，是促进党在正确思想上形成统一的重要途径，也是无产阶级的严格纪律真正得以遵守的重要前提。

三、纪律靠什么来维持、检验和加强

既然纪律对于无产阶级政党和无产阶级革命事业来说如此重要，那么，怎样才能建立起严格的纪律呢？列宁通过总结俄国布尔什维克的革命斗争经验，对纪律靠什么来维持、检验和加强这一重要问题做出了精辟的回答。

“第一，是靠无产阶级先锋队的觉悟和它对革命的忠诚，是靠它的坚韧不拔、自我牺牲和英雄气概。第二，是靠它善于同最广大的劳动群众，首先是同无产阶级劳动群众，但同样也同非无产阶级劳动群众联系、接近，甚至可以说在某种程度上同他们打成一片。第三，是靠这个先锋队所实行的政治领导正确，靠它的政治战略和策略正确，而最广大的群众

根据切身经验也确信其正确。"[1]无产阶级的纪律不只是硬性的规定，它更需要自觉地遵守。惩罚只可能让一个人不敢做错误的事情，而只有高度的觉悟才能让一个人发自内心地不想违背纪律的规定，从而使纪律变为自觉地服从。同时，无产阶级的纪律并不意味着盲目的服从，服从必须建立在认同的基础之上。如果党的领导人犯了错误，其战略和策略在实践中被证明是不符合实际的，那么势必会动摇上级在下级面前的权威，削弱党在群众中的威信，这样纪律的执行效果一定会大打折扣。因此，如果不具备以上几个重要条件，就不可能建立起为革命事业所需要的真正的无产阶级纪律。即使在形式上建立了所谓的纪律体系和制度，也会因为缺乏坚实的基础而停留在字面上，流于形式，难以发挥作用。"一个革命政党，要真正能够成为必将推翻资产阶级并改造整个社会的先进阶级的政党，没有上述条件，就不可能建立起纪律。没有这些条件，建立纪律的企图，就必然会成为空谈，成为漂亮话，成为装模作样。"[2]

然而，这些条件不是凭空就能产生的。无产阶级政党只有具备了理论和实践两方面的基础，同时经过艰苦的努力才能创造出这些条件。"只有经过长期的努力和艰苦的实践才能造成这些条件；正确的革命理论——而理论并不是教条——会使这些条件容易造成，但只有同真正群众性的和真正革命的运动的

①《列宁选集》第 4 卷，人民出版社 2012 年版，第 136 页。
②《列宁选集》第 4 卷，人民出版社 2012 年版，第 136 页。

实践密切地联系起来，这些条件才能最终形成。”[①]思想和理论建设是纪律建设的基础，而革命斗争实践则是革命纪律得以形成的直接源泉。列宁通过回顾布尔什维克的历史说明了这一道理。

“布尔什维主义所以能够建立并且在1917—1920年异常艰难的条件下顺利地实现极严格的集中和铁的纪律，其原因仅仅在于俄国有若干历史特点。一方面，布尔什维主义是1903年在最坚固的马克思主义理论基础上产生的。而这个——也只有这个——革命理论的正确性，不仅为整个19世纪全世界的经验所证实，尤其为俄国革命思想界的徘徊和动摇、错误和失望的经验所证实。”[②]列宁认为，科学的、正确的解释了世界发展规律的马克思主义理论是布尔什维克产生铁的纪律的思想基础。为了找到这一正确的理论，俄国的革命者经过了艰辛的历程。有利的背景是，大量的革命者在沙皇的迫害下不得不迁居国外，这使得他们能够和欧洲的革命组织发生广泛的联系，能够充分吸取借鉴其他国家的经验教训。“在将近半个世纪里，大约从上一世纪40年代至90年代，俄国进步的思想界在空前野蛮和反动的沙皇制度的压迫之下，曾如饥如渴地寻求正确的革命理论，专心致志地、密切地注视着欧美在这方面的每一种‘最新成就’。俄国在半个世纪里，经受了闻所未闻的痛苦和牺牲，表现了空前未有的革命英雄气概，以难以置信的毅力和舍身忘

①《列宁选集》第4卷，人民出版社2012年版，第136页。
②《列宁选集》第4卷，人民出版社2012年版，第136页。

我的精神去探索、学习和实验，经受了失望，进行了验证，参照了欧洲的经验，真是饱经苦难才找到了马克思主义这个唯一正确的革命理论。”[①]过程虽然艰辛，但是与同时期第二国际的混乱比起来，俄国人的付出是值得的。“没有思想上的统一，组织上的统一是没有意义的”。进一步讲，“没有共同的思想基础，根本谈不上统一的问题”[②]。

“另一方面，在这个坚如磐石的理论基础上所产生的布尔什维主义，有了 15 年（1903—1917 年）实践的历史，这段历史的经验之丰富是举世无比的。”[③]由于俄国特殊的政治格局和阶级状况，布尔什维克经历了其他政党没有经历过的复杂斗争历程，因而也就积累了其他政党没有的丰富经验。“任何一个国家在这 15 年内，在革命经验方面，在各种运动形式——合法的和不合法的、和平的和激烈的、地下的和公开的、小组的和群众的、议会的和恐怖主义的形式——更替的迅速和多样性方面，都没有哪怕类似这样丰富的经历。任何一个国家都没有在这样一个短短的时期内，集中了现代社会一切阶级进行斗争的如此丰富的形式、特色和方法，而且由于俄国的落后和沙皇制度的残酷压迫，这个斗争成熟得特别迅速，它如饥如渴又卓有成效地吸取了欧美政治经验方面相宜的‘最新成就’。”[④]如此严酷而又复杂多变的斗争环境使得布尔什维克不得不在实践中不断

①《列宁选集》第 4 卷，人民出版社 2012 年版，第 136—137 页。
②《列宁全集》第 5 卷，人民出版社 2013 年版，第 247—248 页。
③《列宁选集》第 4 卷，人民出版社 2012 年版，第 137 页。
④《列宁选集》第 4 卷，人民出版社 2012 年版，第 137 页。

提高自身的纪律水平，以适应革命斗争的需要。我们很难想象，如果没有高度的组织性和铁一般的纪律，布尔什维克如何能够在十几年的残酷斗争中存活下来并不断发展壮大。

第六章　政治是一门艺术

右倾机会主义者机械地理解历史唯物主义，无限夸大生产力等物质因素在历史发展中的决定作用。他们把一切都归结于客观因素的作用，忽视人的主观能动性所能产生的巨大影响。“左”倾机会主义者则走向了另一个极端，他们不懂得客观分析具体的革命形势，以为凭着一腔热情和革命情绪就可以走向胜利。然而，革命的成功一定是主客观因素共同作用的结果。即使有了有利的革命形势，胜利也不会自动到来。如果无产阶级政党不能正确地发挥主观能动性，根据客观情况制定符合实际的革命战略和策略，不断扩大群众基础，同时提高政党和群众的觉悟程度、组织程度，壮大自己削弱敌人，那么革命的成功依然是遥遥无期的。当时的“左派”共产党人由于在战略和策略方面严重缺乏理论认识与实践经验，提出了诸如不作任何妥协、不参加资产阶级议会和反动工会等许多幼稚的说法，严重影响了革命运动的发展。列宁认为有必要总结俄国革命运动的经验和教训，介绍给各国年轻的共产党人，让他们明白，政治是一门艺术。只有当无产阶级政党很好地掌握了这门艺术的时候，革命才有可能取得胜利。

一、不做任何妥协吗?

年轻的“左派”共产党人出于对第二国际机会主义者的反感和憎恨，认为新的共产党要与改良主义在一切方面彻底决裂。因此，他们坚决地提出了“不作任何妥协”的口号。“共产党不应当实行妥协……它必须保持自己学说的纯洁，保持自己的独立性，不为改良主义所玷污；共产党的使命是勇往直前，中途不停顿，不转弯，径直走向共产主义革命。”[①]德国的左派在一本小册子里写道：“……凡是同其他政党妥协……凡是实行机动和通融的政策，都应当十分坚决地拒绝。”[②]列宁对此做出了这样的评论：“这些无疑是以马克思主义者自居并且愿意做马克思主义者的人，竟忘记了马克思主义的基本真理，这实在使人感到可悲。”[③]这些“左派”共产党人号称自己是正统的马克思主义者，要学习和效仿俄国布尔什维克的革命经验，反对改良主义。然而，他们丢掉了马克思主义的辩证法，对俄国的革命经验作了片面的认识和理解。他们对布尔什维克发展过程中各种“妥协”的事实视而不见，把俄国革命抽象成了“高歌猛进”的简单过程。“也真奇怪，这些左派既抱着这种见解，却没有坚决地斥责布尔什维主义！德国左派不会不知道在布尔

①《列宁选集》第4卷，人民出版社2012年版，第192页。
②《列宁选集》第4卷，人民出版社2012年版，第179页。
③《列宁选集》第4卷，人民出版社2012年版，第175页。

什维主义全部历史中，无论在十月革命前或十月革命后，都充满着对其他政党包括对资产阶级政党实行机动、通融、妥协的事实！”[①]

列宁通过回顾和分析 1918 年布尔什维克党内围绕缔结《布列斯特和约》而发生的争论与斗争，向缺乏实际经验的“左派”共产党人说明了应该如何正确看待革命过程中的“妥协”。十月革命胜利后，苏维埃政权引起了国内外敌人的仇视。面对严峻的形势，苏维埃俄国迫切需要摆脱战争，获得和平，抓紧国内建设，以巩固革命政权的基础。因此，苏维埃俄国积极向各国政府建议缔结和平协议，然而帝国主义者希望用战争拖住苏维埃，以达到摧毁社会主义政权的目的。为了获得和平的建设环境，苏维埃俄国决定和德国进行和平谈判。面对德国提出的苛刻条件，列宁主张接受条件，签订和约，以得到喘息的机会。而以布哈林为首的“左派共产主义者”则坚决反对签订和约，主张进行革命战争。他们认为，《布列斯特和约》是同帝国主义者的妥协，对于无产阶级政党说来，在原则上是不能容许的而且在事实上是有害的。他们主张，即使不能在战场上战胜德国，战争也可能削弱德国帝国主义的实力，为德国的无产阶级革命创造条件。只要德国能爆发社会主义革命，牺牲苏维埃俄国也是值得的。列宁指出，他们停留在“世界革命”的理念中，认为只有西欧的先进国家爆发社会主义革命，俄国革命才能进

①《列宁选集》第 4 卷，人民出版社 2012 年版，第 179 页。

行下去。然而，现在的情况已经发生了变化，这一点恰恰是“左派共产主义者”所忽视的。俄国已经建立了革命政权，而德国的革命还不知道什么时候会爆发，这种情况下保存俄罗斯苏维埃共和国是高于一切的。明知俄国在军事上无法取得胜利，却提出革命战争的口号，把社会主义的前途寄托于虚无缥缈的德国革命，这不能不说是幼稚的。在当时，只有通过暂时的妥协赢得和平发展的空间，否则苏维埃政权就有在内外夹击中覆灭的危险。“这的确是同帝国主义者的妥协，但这种妥协在当时那种情况下恰恰是必要的。”[①]列宁总结道：“这个党一面公布和废除了帝国主义者缔结的秘密条约，一面向各国人民建议媾和，只是在英、法帝国主义者破坏了媾和而布尔什维克为加快德国和其他国家的革命已经做了力所能及的一切以后，它才屈服于布列斯特强盗的暴力。大家都愈来愈清楚地看到，这样的党在这样的情况下实行这样的妥协是完完全全正确的。”[②]

与此同时，布尔什维克虽是在一路的“不妥协”中走过来的，但对沙皇、资产阶级、地主及社会沙文主义者，布尔什维克从未在原则问题上妥协过。“通过签订布列斯特和约而同德帝国主义者实行妥协的党，从 1914 年底起就以行动履行自己的国际主义。它敢于提出使沙皇君主政府失败的主张，敢于痛斥在两伙帝国主义强盗的战争中‘保卫祖国’。这个党的议会代表，宁愿流放到西伯利亚，也不愿走可以登上资产阶级政府大

①《列宁选集》第 4 卷，人民出版社 2012 年版，第 147 页。
②《列宁选集》第 4 卷，人民出版社 2012 年版，第 149 页。

臣宝座的道路。革命在推翻了沙皇政府和建立了民主共和国以后，又使这个党受到了新的、极大的考验：它不同‘本国的’帝国主义者实行任何妥协，而是作了推翻他们的准备，并且果真把他们推翻了。这个党取得政权以后，便彻底摧毁了地主和资本家的所有制。”①

那么，到底应该如何看待革命中的妥协呢？究竟什么时候应该妥协、什么时候又不能妥协呢？一些自以为聪明的机会主义者说，既然布尔什维克可以做出签订《布列斯特和约》的妥协，那他们不也可以和资产阶级、和帝国主义者妥协吗？对此，列宁用一个简单明了而又通俗的比喻作了回答。假如我们乘坐汽车出去的时候遇到武装强盗的拦截，这时候有两种处理做法。一种是把钱、身份证、手枪、汽车都给他们，我们因而摆脱了这次不幸的遭遇。“这显然是一种妥协。‘Do ut des’（‘我给’你钱、武器、汽车，‘是为了你给’我机会安全脱险）。但是很难找到一个没有发疯的人会说这种妥协‘在原则上是不能容许的’，或者说实行这种妥协的人是强盗的同谋者（虽然强盗坐上汽车又可以利用它和武器再去打劫）。”②列宁说，布尔什维克对德国帝国主义强盗的妥协正是上面这种妥协。与此相对，另一种做法则是抱着入伙分赃的目的把钱和武器交给强盗，成为强盗的同盟者。这也是一种“妥协”，但目的和效果与前一种做法截然不同。在列宁看来，各国的机会主义者实行

①《列宁选集》第 4 卷，人民出版社 2012 年版，第 148—149 页。

②《列宁选集》第 4 卷，人民出版社 2012 年版，第 147 页。

的正是这样的“妥协”。他们背叛工人阶级的整体利益，站到资产阶级一边，帮助资产阶级来反对和遏制无产阶级革命，从而成了抛弃原则和底线的“妥协者”。“有各种各样的妥协。应当善于分析每一个妥协或每一种妥协的环境和具体条件。应当学习区分这样的两种人：一种人把钱和武器交给强盗，为的是要减少强盗所能加于的祸害和便于后来捕获、枪毙强盗；另一种人把钱和武器交给强盗，为的是要入伙分赃。”[①]当然，要做到这一点并不容易。“这在政治上决不总是像这个极其简单的例子那样容易分辨。但如果有人异想天开，要替工人们打一张包票，能包治百病，或者能保证在革命无产阶级的政治活动中不会遇到任何困难和任何错综复杂的情况，那他简直就是一个江湖骗子。”[②]

对于“左派”共产主义者来说，允许妥协是非常危险和不可理解的；对于机会主义者来说，好像妥协是可以随时进行的。然而，有着丰富斗争经验的无产阶级往往能比较好地掌握妥协的时机与分寸，这在罢工中有着充分的体现。“每个无产者由于处在群众斗争和阶级对立急剧尖锐化的环境里，都看到了下列两种妥协之间的差别：一种是为客观条件所迫（罢工者的基金告竭，没有外界援助，陷于极端饥饿和苦难的境地）而作的妥协，这种妥协丝毫不会削弱实行这种妥协的工人对革命的忠诚和继续斗争的决心；另一种是叛徒的妥协，他们贪图私利（工

①《列宁选集》第 4 卷，人民出版社 2012 年版，第 148 页。

②《列宁选集》第 4 卷，人民出版社 2012 年版，第 148 页。

贼也实行‘妥协’！），怯懦畏缩，甘愿向资本家讨好，屈从于资本家的威胁、利诱、劝说、捧场……却把原因推给客观。”[①]

因此，笼统地谈无产阶级是否可以和资产阶级妥协是一个毫无意义的问题。这样提问题的人要么是缺乏政治经验，政治觉悟不高；要么是想采取欺骗和诡辩的手法来掩盖他们的背叛行径。“拥护无产阶级革命的人是可以同资本家妥协或达成协议的。一切都要看达成的是什么协议，是在什么情况下达成的。在这一点上，也仅仅在这一点上，才可以而且应当去寻找从无产阶级革命的观点看来是正当的协议和从同样观点看来是叛卖的、变节的协议之间的区别。”[②]革命所面临的情况千变万化，革命与反革命的力量对比在许多地方也截然不同，发誓决不妥协注定只能是一句空话。“由于所处的情况，有时甚至连最革命的阶级的最革命的政党也不得不妥协，问题在于要善于通过一切妥协来保持、巩固、锻炼、发展工人阶级及其有组织的先锋队即共产党的革命策略、革命组织、革命意识、决心和素养。”[③]

“结论很清楚：‘原则上’反对妥协，不论什么妥协都一概加以反对，这简直是难于当真对待的孩子气。”[④]幼稚的“左派”共产主义者以为，只要一承认可以妥协，就会抹杀机会主义和马克思主义之间的界限。而在列宁看来，妥协并不可怕，关键的是要从实际而不是从抽象的原则出发，要善于从实际政治问

①《列宁选集》第 4 卷，人民出版社 2012 年版，第 177 页。
②《列宁全集》第 38 卷第二版增订版，人民出版社 2017 年版，第 326 页。
③《列宁全集》第 38 卷第二版增订版，人民出版社 2017 年版，第 326 页。
④《列宁选集》第 4 卷，人民出版社 2012 年版，第 148 页。

题中识别出那些叛徒性质的、危害革命利益的机会主义的妥协，并竭尽全力揭露这种妥协，同它进行毫不退让的斗争。在帝国主义战争时期，秉持社会沙文主义的立场，主张“保卫祖国”；在第一次世界大战以后，保卫合谋瓜分利益的“国际联盟”和资产阶级民主制度而反对革命无产阶级与苏维埃政权——这些就是不能容许的叛卖性妥协的最主要表现，这些就是叛徒性质的、危害革命利益的机会主义的妥协。

推翻资产阶级的统治是一项长期而复杂的事业，是一场需要付出巨大努力和牺牲的战争。“为了推翻国际资产阶级而进行的战争，比国家之间通常进行的最顽强的战争还要困难百倍，费时百倍，复杂百倍；进行这样的战争而事先拒绝采用机动办法，拒绝利用敌人之间利益上的矛盾（哪怕是暂时的矛盾），拒绝同各种可能的同盟者（哪怕是暂时的、不稳定的、动摇的、有条件的同盟者）通融和妥协，这岂不是可笑到了极点吗？这岂不是正像我们千辛万苦攀登一座未经勘察、人迹未到的高山，却预先拒绝有时要迂回前进，有时要向后折转，放弃已经选定的方向而试探着从不同的方向走吗？”[①]

联系实际，列宁还指出了德国共产党人在是否承认《凡尔赛和约》问题上应当秉持的立场和态度。列宁认为，如果德国的革命运动能够取得胜利并建立苏维埃德意志共和国，那么共和国“在一定的时期内必须承认和服从凡尔赛和约，不容许这

①《列宁选集》第4卷，人民出版社2012年版，第179页。

样做的策略是根本错误的”[①]。“德国共产党人不应当束缚自己的手脚，不应当许诺，共产党人一旦取得胜利，就一定废除凡尔赛和约。这是愚蠢的。”[②]德国共产党人应该积极为同苏维埃俄国和苏维埃匈牙利结成联盟创造有利的条件。要不要废除、能不能废除《凡尔赛和约》，“不仅取决于苏维埃运动在德国的胜利，而且取决于苏维埃运动在国际上的胜利”[③]。只有国际苏维埃运动得到了充分的加强，反对《凡尔赛和约》、反对帝国主义才能有坚实的后盾。相较于迫不及待地废除《凡尔赛和约》，使德意志民族在形式上获得胜利，暂时承认《凡尔赛和约》，借此加强德国苏维埃运动和国际共产主义运动才是更重要的。“既然俄国一国为了革命的利益能够忍受几个月布列斯特和约，那么苏维埃德国在同苏维埃俄国结成联盟的情况下，为了革命的利益在更长一段时间里忍受凡尔赛和约决不是不可能的。”[④]面对帝国主义者的挑动，“左派”共产党人不善于随机应变，竟主张要坚决承诺将废除《凡尔赛和约》。这就等于在战斗前就事先束缚住自己的手脚，交出了自己的底牌，公开告诉力量比自己强大的敌人，自己是否要同他作战，什么时候同他作战。“这是愚蠢行为，而不是革命行为。当应战显然对敌人有利而对自己不利的时候，却去应战，那就是犯罪；革命阶级的政治家如果不善于实行‘机动、通融、妥协’，以避免

①《列宁选集》第 4 卷，人民出版社 2012 年版，第 184 页。
②《列宁选集》第 4 卷，人民出版社 2012 年版，第 185 页。
③《列宁选集》第 4 卷，人民出版社 2012 年版，第 185 页。
④《列宁选集》第 4 卷，人民出版社 2012 年版，第 185—186 页。

显然不利的战斗，这样的政治家是毫无用处的。”[①]对于无产阶级政党来说，实行革命妥协是一种原则性与灵活性相结合的策略。只有实行原则性与灵活性相结合的策略，才能争取更大的胜利机会。在任何时候，革命原则必须是坚定的，但为了达到革命目的，在坚定革命原则的基础上，策略则必须是灵活的。

二、既要学会正确的进攻也要学会正确的退却

革命政党策略灵活性另一方面的体现就是既懂得有利条件下的进攻也懂得不利条件下的退却。革命的道路不可能是一帆风顺的，革命力量也不可能总是强于反动力量的。当革命遇到暂时的失败和短期难以克服的困难时，如果不顾现实情况和力量对比，强行组织进攻，那只会给革命力量带来损失——这是一种极其愚蠢的行为。“革命政党应当补课。它们学习过进攻。现在必须懂得，除了进攻以外，还必须学会正确地退却。必须懂得——而革命阶级也正在从本身的痛苦经验中领会到——不学会正确的进攻和正确的退却，就不能取得胜利。”[②]1905 年革命失败以后，面对政治高压和严峻的斗争形势，布尔什维克懂得必须退却并且能够善于退却。他们充分利用了议会等合法斗争形式来保存和发展自己，因此在所有的反对党中他们遭受的损失最小，保存下的骨干最多，这也为之后革命高潮的到来打下了良好的基础。列宁说：

①《列宁选集》第 4 卷，人民出版社 2012 年版，第 186 页。
②《列宁选集》第 4 卷，人民出版社 2012 年版，第 139 页。

“正是这一大失败给革命政党和革命阶级上了真正的和大有教益的一课，上了历史辩证法的一课，上了使它们懂得如何进行、善于进行和巧妙进行政治斗争的一课。患难识朋友。战败的军队会很好地学习。”[①]

对于无产阶级来说，“退却”不单是在革命胜利以前、阶级处于弱势情况下应当掌握的本领，即使是在取得政权之后也依然要懂得退却。政治上的胜利并不意味着经济、文化等各方面的胜利，掌握政权的无产阶级在许多方面依然是不成熟的。由于无产阶级在旧社会处于被压迫地位，没有条件发展自身的文化，培养自己的知识分子，因此，在很长一段时间里无产阶级不得不利用资产阶级和小资产阶级来做许多相关的工作。“我们不用资本主义所造就的人才，就不能建设也没有别的人才可用来建设共产主义。”[②]如果在这种情况下只知进攻，一味地打击和排斥旧社会留下的人才，而不懂得通过“退却”来团结他们发挥其作用，那么社会主义建设一定会遭到巨大的损失。

在退却的过程中，不可避免地会遇到很多困难。在资产阶级议会中建立共产党的有效组织是困难的，在合法活动中克服资产阶级偏见的影响是困难的，在无产阶级专政条件下使工作所绝对必需的资产阶级出身的人服从无产阶级的纪律也是困难的。但是，如果不能克服这些困难，革命事业就不能向前发展。“无产阶级要利用资产阶级出身的人来为自己

①《列宁选集》第 4 卷，人民出版社 2012 年版，第 138—139 页。

②《列宁全集》第 39 卷第二版增订版，人民出版社 2017 年版，第 92 页。

的目的服务，要战胜资产阶级知识分子的偏见和影响，要削弱小资产阶级环境的阻力（进而彻底改造这个环境），都不可避免地会遇到种种必须克服的困难，种种必须完成的独特的任务。”[①]不懂得退却的人实际上是企图用自己的主观想象逃避现实无法避免的困难。他们一旦遇到令自己心情不愉快的困难和任务就打算躲开，以为只要在头脑里就可以战胜现实中的困难，只要有坚决的口号就能够呼唤出强大的力量。列宁说："如果‘左派’和反议会派的同志们，现在连克服这种小困难都学不会，那么，可以肯定地说，他们将来或者是没有能力实现无产阶级专政……或者是不得不仓促补课，而由于如此仓促，就会给无产阶级的事业带来巨大的危害。”[②]从革命需要出发，列宁对共产党员提出了要求。“应当学习并且学会毫无例外地掌握一切工作领域和一切活动领域，在一切场合，在每个地方，战胜所有的困难和所有的资产阶级风气、传统和习惯。除此以外，问题的其他提法都是很不严肃、很幼稚的。”[③]

同时，无产阶级政党所实行的退却不是消极的退却，而是积极的退却，是为了在退却中积累力量，同时利用一切机会争取自己的同盟者。“全部问题在于要善于运用这个策略，来提高无产阶级的觉悟性、革命性、斗争能力和致胜能力的总的水平，而不是降低这种水平。”[④]如果在反动年代不“退却”到资

①《列宁全集》第 39 卷第二版增订版，人民出版社 2017 年版，第 91 页。
②《列宁全集》第 39 卷第二版增订版，人民出版社 2017 年版，第 94 页。
③《列宁全集》第 39 卷第二版增订版，人民出版社 2017 年版，第 94 页。
④《列宁选集》第 4 卷，人民出版社 2012 年版，第 183 页。

产阶级议会中坚持合法斗争，那就难以扩大革命政党的政治影响，保存自己的有生力量；如果在革命胜利后不进行“退却”，团结、教育和争取资产阶级、小资产阶级中的人才，充分发挥他们的作用，那就难以巩固和扩大无产阶级专政的社会基础。因此，“要利用一切机会，哪怕是极小的机会，来获得大量的同盟者，尽管这些同盟者可能是暂时的、动摇的、不稳定的、不可靠的、有条件的。谁不懂得这一点，谁就是丝毫不懂得马克思主义，丝毫不懂得现代的科学社会主义”[①]。这才是对革命事业负责的战略和策略。

三、政治活动不是涅瓦大街的人行道

在伟大的巴黎公社斗争期间，33 个布朗基派的公社战士在他们的宣言中说：“我们所以是共产主义者，是因为我们要达到自己的目的，不在中间站停留，不作妥协，因为妥协只会推迟胜利到来的日子，延长奴隶制的寿命。”[②]对此，恩格斯在 1874 年所写的《公社的布朗基派流亡者的纲领》中作了精彩而深刻的评论。他将充满小资产阶级革命性的布朗基主义者和共产主义者做了对比，阐明了他们在追求共产主义这一远大目标时的不同态度。“德国共产主义者所以是共产主义者，是因为他们通过一切不是由他们而是由历史发展进程造成的中间站和

①《列宁选集》第 4 卷，人民出版社 2012 年版，第 180 页。

②《马克思恩格斯文集》第 3 卷，人民出版社 2009 年版，第 363 页。

妥协，始终清楚地瞄准和追求最后目的：消灭阶级和建立不再有土地私有制和生产资料私有制的社会。33 个布朗基主义者所以是共产主义者，是因为他们以为，只要他们抱有善良的愿望，想跳过各个中间站和各种妥协，那就万事大吉了，只要——他们确信如此——日内‘干起来’，政权落到他们手中，那么后天‘就会实行共产主义’。因此，如果这不能立刻办到，那他们也就不是共产主义者了。把自己的急躁当做理论上令人信服的论据，这是何等天真幼稚！”[①]

布朗基主义者脱离客观实际，不对革命过程中可能遇到的困难和复杂情况做细致的考察，仅凭着自己的一腔热情来想象革命的美好前景。在他们看来，实现共产主义是在几天之内就可以完成的事业。要是有人说在某些时候应该做点妥协和退却，这样的人很可能被他们视为叛徒。五十年后，年轻的“左派”共产党人同样如此。他们因为对资产阶级和机会主义者的憎恨就排斥一切可能的妥协，他们怀着高涨的革命热情反对一切应当的退却。不做任何妥协，进攻到底直到胜利，这是他们响亮的口号。对于无产阶级来说，革命的热情无疑是非常重要的，“没有群众的革命情绪，没有促使这种情绪高涨的条件，革命的策略是不能变为行动的”[②]。然而，以为仅靠热情和口号就能战胜敌人取得胜利，这只能是唯心主义的空想，注定是要遭受挫折和失败的。“这种情绪是极其可喜、极其可贵的；应当善于

①《马克思恩格斯文集》第 3 卷，人民出版社 2009 年版，第 363 页。
②《列宁选集》第 4 卷，人民出版社 2012 年版，第 173 页。

珍视和支持这种情绪，因为没有这种情绪，英国以及任何其他国家的无产阶级革命的胜利是没有希望的。对于善于表达群众的这种情绪、善于激发群众的这种（往往是朦胧的、不自觉的、下意识的）情绪的人，应该爱护，应该关切地给以种种帮助。但同时应该直言不讳地告诉他们：在伟大的革命斗争中，单凭情绪来领导群众是不够的；即使是对革命事业无限忠诚的人所要犯的或正在犯的这样那样的错误，也会给革命事业带来危害。”[①]“在西欧和美国，议会已经成为工人阶级中先进革命分子深恶痛绝的东西。这是不容争辩的。这是完全可以理解的，因为很难想象还有什么比大多数社会党议员和社会民主党议员战时和战后在议会中的所作所为更卑鄙无耻，更具有叛卖性了。但是，如果在解决应当怎样去同这一公认的祸害作斗争的问题时，竟任凭这种情绪来支配，那就不仅不明智，而且简直是犯罪了。”[②]

对于是否应该参加资产阶级议会的问题，“左派”共产党人清醒地认识到，资产阶级民主制下的议会不可能是能够达到无产阶级最终目的的工具。凡是至今还鼓吹这一幻想的人客观上就是工人运动中的反动派。因此，憎恨对以进入资产阶级议会为荣并借此谋取自身利益的机会主义者是理所应当的，也是应该充分重视和爱护的革命情绪。然而，仅有这种革命情绪是不够的。在革命取得决定性的胜利之前，议会对于身处资产阶

①《列宁选集》第 4 卷，人民出版社 2012 年版，第 188 页。
②《列宁选集》第 4 卷，人民出版社 2012 年版，第 172—173 页。

级共和国中的无产阶级政党来说是一个必须加以利用的平台。如果不利用议会这个平台，无产阶级政党如何获得公开表达自身主张的有效渠道；如果不进入议会，无产阶级政党如何去最大限度地扩大自身的影响。一味排斥是容易做到的，但一味排斥却不可能实现密切联系群众这个对于无产阶级政党来说最基本的任务。“仅仅靠咒骂议会机会主义，仅仅靠否认参加议会的必要，来显示自己的‘革命性’，这是非常容易的，但是正因为太容易了，所以不是完成困难的、极其困难的任务的办法。”[①]因此，要达到壮大自己削弱敌人的目的，“决不能只根据革命情绪来制定革命策略。制定策略，必须清醒而极为客观地估计到本国的（和邻国的以及一切国家的，即世界范围内的）一切阶级力量，并且要估计到历次革命运动的经验”[②]。

以上所说的道理对于革命胜利后的无产阶级专政阶段同样适用。无产阶级革命虽然在政治上推翻了资本主义的统治，但并不能马上造就社会主义建设所需的经济基础和社会基础，尤其是人员基础。在新社会，人与人之间依然存在各种差异，依然存在广泛的、相对固定的分工，因而还不可能马上消除工会的地域和行业隔阂。只有经过长期的发展，经过充分的教育和训练，每个人都成为全面发展的个人，才可能不需要工会发挥作用。在此之前，“除了通过工会，通过工会同工人阶级政党的协同动作，无产阶级在世界上任何地方从来没有而且也不能有别的发展道

①《列宁选集》第 4 卷，人民出版社 2012 年版，第 173 页。
②《列宁选集》第 4 卷，人民出版社 2012 年版，第 173 页。

路”[①]。像某些“左派”共产党人所臆想的那样，试图抛弃现有的工会形式，凭空创造出崭新的、纯洁的“工人联合会”，这不能不说是可笑的。列宁说：“如果目前就企图提前实现将来共产主义充分发展、完全巩固和形成、完全展开和成熟的时候才能实现的东西，这无异于叫四岁的小孩去学高等数学。”[②]

“马克思和恩格斯说过，我们的理论不是教条，而是行动的指南；卡尔·考茨基、奥托·鲍威尔这类‘正宗的’马克思主义者的最大错误和最大罪恶，就是他们不懂得这一点，不善于在无产阶级革命最紧要的关头按此行事。”[③]布尔什维克恰恰是因为把握了这一马克思主义的精髓，从弱小走向了强大，从失败走向了胜利。他们没有拘泥于某一个理论上的说法，没有被情绪冲昏了头脑，而是根据革命的实际需要，以有利于保存和壮大革命力量为原则，不断调整自己的斗争策略，不断调整打击、联合和依靠的力量，从而在纷繁复杂的局势中站稳脚跟、脱颖而出。政党和政治家的艺术就在于正确判断在什么条件与时机下无产阶级可以成功取得政权，在于通过制定正确的战略和策略始终赢得包括工人阶级在内的广大劳动群众的充分支持，在于根据每一阶段的主要任务与不同的政治力量结为同盟反对共同的主要敌人，在于胜利以后能够通过教育和训练争取越来越多的普通群众来支持、巩固和扩大自身的执政基础——布尔

①《列宁选集》第 4 卷，人民出版社 2012 年版，第 160 页。
②《列宁选集》第 4 卷，人民出版社 2012 年版，第 159 页。
③《列宁选集》第 4 卷，人民出版社 2012 年版，第 180 页。

什维克的历史就是这样一部充满政治艺术的历史。在布尔什维克产生之前，旧《火星报》就曾同资产阶级自由派结成正式的政治联盟，共同反对沙皇专制。从 1905 年开始，布尔什维克在反对自由派资产阶级和沙皇专制的同时从来不拒绝在合适的时机与场合支持资产阶级去反对沙皇制度。1907 年，在杜马选举中，布尔什维克曾同社会革命党人结成短期的正式政治联盟。1903—1912 年，为了共同的革命目标和任务，在形式上布尔什维克多次和孟什维克同处在一个统一的社会民主党中。第一次世界大战期间，布尔什维克甚至还同“考茨基派”作过妥协，和他们一起在齐美尔瓦尔德和昆塔尔开会，并发表共同宣言。在十月革命的时候，布尔什维克同小资产阶级的农民结成了一个非正式的政治联盟，全盘接受了社会革命党的土地纲领。此外，布尔什维克还曾经和左派社会革命党人结成正式的政治联盟，请他们参加政府，虽然在缔结《布列斯特和约》以后，社会革命党破坏了这个联盟。在每一个阶段，布尔什维克都根据革命发展的需要作了正确的“妥协”和“退却”，与不同的政治力量结成同盟，达到了最大限度团结群众的目的，因而也就取得了不断的胜利。与此同时，布尔什维克并没有因为“妥协”和“退却”而放弃自己的原则，它不断在思想上和政治上与自由主义、机会主义、改良主义等错误倾向作坚决的斗争。

车尔尼雪夫斯基曾经说过：“政治活动并不是涅瓦大街的

人行道。”[①]许多的俄国革命家由于忽视或忘记了这个真理，遭受了无数的失败和牺牲。在前人探索的基础上，布尔什维克清醒地意识到，革命的道路不可能是笔直的，革命的力量也不可能是“纯粹”的。他们善于通过各种有原则的妥协来赢得同盟者、壮大自己的力量，他们善于把握进攻和退却的合适时机，善于根据实际情况调整党的战略和策略，这是布尔什维克最后能够领导俄国人民取得胜利不可或缺的重要条件。“政治是一门科学，是一种艺术，它不是从天上掉下来的，不费力是掌握不了的；无产阶级要想战胜资产阶级，就必须造就出自己的、无产阶级的‘阶级的政治家’，而这些政治家同资产阶级的政治家比起来应该毫不逊色。”[②]布尔什维克的领袖们正是这样的政治家。

①《列宁选集》第 4 卷，人民出版社 2012 年版，第 180 页。
②《列宁选集》第 4 卷，人民出版社 2012 年版，第 189 页。

第七章　哪里有群众，就一定到哪里去工作

在参加资产阶级议会和反动工会的问题上，“左派”共产党人同样表现出了他们在政治策略上的幼稚。在他们看来，资产阶级议会和反动工会在政治上已经过时了，共产党人不应该到里面去工作。然而，从世界历史发展角度看来过时的东西在现实状况中不一定是过时的，就无产阶级先锋队的认识来说过时的东西在普通群众看来也不一定过时。“左派”共产党人恰恰混淆了看问题的视角，并用自己的主观想法代替了群众的真实认知，从而在自己和群众之间竖起了一堵高墙。列宁认为，哪里有群众，就一定到哪里去工作，这才是对革命负责任的做法，才是无产阶级的正确策略。

一、要不要参加资产阶级议会和反动工会？

对于“要不要参加资产阶级议会和反动工会”的问题，德国“左派”共产党人认为毫无疑问应当作绝对否定的回答。在他们看来，现有的资产阶级议会和工会是反动的与反革命的，因此共产党人根本不需要也不容许在其中做工作。共产党人应

当自己创造出一种新的革命群众组织来作为自己的活动平台。荷兰的“左派”共产党人同样主张不参加议会，他们还在纲领中进行了理论上的论证。“在资本主义的生产体系已经崩溃而社会已处于革命状态的时候，议会活动同群众本身的行动比较起来，便逐渐失去意义。在这种条件下，议会正在变成反革命的中心和反革命的机构，而另一方面，工人阶级正在建立自己的政权工具即苏维埃；这时候，拒绝以任何方式参加议会活动，甚至可能是必要的。”[①]列宁认为，这种看起来似乎很革命的论调无非只是毫无内容的空话，是幼稚可笑的胡说。

“群众的行动，例如大罢工，任何时候都比议会活动重要，决不是仅仅在革命时期或在革命形势下才如此。”[②]但是，这一点并没有也不可能否定公开的、合法的斗争的重要性。无论是1848年欧洲革命的经验，还是俄国革命的经验，都证明了把合法斗争和不合法斗争配合起来的重要性。只有善于把合法斗争和不合法斗争灵活地配合起来，才能最大限度地为革命政党赢得活动空间，扩大自身在群众中的影响，这个问题在严峻的斗争形势下尤其重要。“由于无产阶级和资产阶级之间的国内战争日益成熟和逼近，由于百般侵犯合法性的共和制政府以及所有资产阶级政府疯狂迫害共产党人……革命无产阶级的政党愈来愈有必要（有些地方早已有必要）把合法斗争和不合法斗争

①《列宁选集》第 4 卷，人民出版社 2012 年版，第 170 页。

②《列宁选集》第 4 卷，人民出版社 2012 年版，第 170 页。

配合起来。”[①]如果不能做到这一点，无产阶级政党就相当于主动把自己和广大群众隔离开来。这对于一个以教育和领导群众为己任的革命组织来说岂不是太可笑了吗？

“在革命时期，把反动议会外的群众行动和议会内部同情革命的（如果是直接支持革命的，那就更好）反对派的活动配合起来，是特别有益的。”[②]布尔什维克的革命实践历程很好地证明了这样一个道理。1908 年，布尔什维克中的“左派”共产党人反对参加当时的反动议会，他们还援引 1905 年抵制议会成功的经验作为论据。但是，他们并没有分析 1905 年的形势和 1908 年的不同。1905 年的抵制议会之所以正确，并不是因为根本不参加反动议会是正确的，而是因为布尔什维克对客观形势作了正确的估计。当时，群众运动正在朝着政治罢工、革命罢工直至起义的方向转变。因此，革命者有希望从沙皇政权手中将召集人民代表机构的权力夺取过来，从而对政治制度实行彻底的改造。在这样的情况下抵制议会当然是正确的，是对人民群众最有利的做法。然而，“如果在不同的条件下和不同的环境里盲目地、机械地、不加批判地搬用这种经验，那就大错特错了”[③]。1908 年，布尔什维克所面对的斗争形势和 1905 年完全不同。当时的革命浪潮并没有迅速高涨并转为起义的趋势，沙皇政府在社会压力下所采取的“维新”措施也使得布尔什维克有一定的利用合法

①《列宁选集》第 4 卷，人民出版社 2012 年版，第 170 页。
②《列宁选集》第 4 卷，人民出版社 2012 年版，第 171 页。
③《列宁选集》第 4 卷，人民出版社 2012 年版，第 146 页。

工作扩大群众影响的空间。虽然在1906年布尔什维克曾经犯过抵制杜马的错误，但布尔什维克在此后吸取了教训，成功地将合法的工作同不合法的工作配合起来。“聪明人并不是不犯错误的人。不犯错误的人是没有而且也不可能有的。聪明人是犯的错误不太大同时又能容易而迅速地加以纠正的人。”[①]正是因为布尔什维克在最严酷的斗争中坚持将合法的斗争形式同不合法的斗争形式结合起来，坚持参加反动的议会及其他一些受反动法律限制的机构，因此他们能够在第一次世界大战之前的长时间的革命低潮中不断巩固、发展和壮大自己，始终成为无产阶级革命政党的坚强核心，为1917年的胜利打下了良好的基础。

我们可以用同样的方法来考察是否应该参加反动工会的问题。“左派”共产党人只看到机会主义者领导下的黄色工会的反动性，却忘记了建立工会对工人阶级来说首先是一大进步——工会使千百万工人由散漫的、无组织的原子化状态开始了初步的阶级联合，开始学会作为一个集体来行动。相较于无产阶级革命政党这一无产阶级联合的最高形式，工会必然会体现出某种狭隘性和带有反动色彩，“但是除了通过工会，通过工会同工人阶级政党的协同动作，无产阶级在世界上任何地方从来没有而且也不能有别的发展道路”[②]。无论是在无产阶级夺取政权之前还是之后，党都需要通过工会这一组织来实现对广大群众的领导和教育，以奠定党坚实的群众基础。“工会

①《列宁选集》第4卷，人民出版社2012年版，第146页。
②《列宁选集》第4卷，人民出版社2012年版，第160页。

现在仍然是、将来在一个长时期内也还会是一所必要的‘共产主义学校’和无产者实现其专政的预备学校，是促使国家整个经济的管理职能逐渐转到工人阶级（而不是某个行业的工人）手中，进而转到全体劳动者手中所必要的工人联合组织。”[①]工会的“反动性”不应当成为简单抛弃这一组织的借口，这只不过是对党提出了更高的要求。在实现共产主义社会之前，工会始终会具有某种“反动性”，这就要求无产阶级政党应当根据形势的变化不断创新自身的工作方法，以确保不丢失工会这一最大的群众工作阵地。“害怕这种‘反动性’，企图避开它，跳过它，是最愚蠢不过的了，因为这无异是害怕发挥无产阶级先锋队的作用，即训练、启发、教育工人阶级和农民中最落后的阶层和群众并吸引他们来参加新生活。”[②]

拒绝参加资产阶级议会和反动工会之所以是幼稚可笑的想法，就是因为“左派”共产党人不去研究解决困难的实际办法，而只是停留在头脑的幻想之中，妄图拔着自己的头发离开地球。他们以为只要自己从形式上切断和资本主义反动团体的联系，就可以创造一个纯洁、崭新的世界，就可以使工人运动免受资产阶级和机会主义的影响。然而，只要资本主义还没有被完全消灭，资产阶级和小资产阶级对工人运动的消极影响就会始终存在于工作与生活的一切领域，群众中就始终不会缺乏议会制民主和工联主义的追随者。拒绝参加资产阶级议会和反动工会

①《列宁选集》第 4 卷，人民出版社 2012 年版，第 160 页。
②《列宁选集》第 4 卷，人民出版社 2012 年版，第 160 页。

的做法听起来很革命，但群众并不会因此而觉悟，因为错误思想的影响不可能自动消除。长此以往，无产阶级政党就有沦为自说自话的小集团的危险。“想用这种‘简单的’、‘容易的’、似乎是革命的方法，来‘完成’在工人运动内部对资产阶级民主影响作斗争这一困难任务，其实他们只是妄想逃开自己的影子，只是闭眼不看困难，只是用空话来回避困难罢了。”①

二、利用一切机会争取群众

针对“左派”共产党人拒绝到工会中工作的想法，列宁一针见血地指出：“这真是不可宽恕的愚蠢行为，这无异是共产党人给资产阶级帮大忙……不在反动工会里工作，就等于抛开那些还不够十分成熟的或落后的工人群众，听凭他们接受反动领袖、资产阶级的代理人、工人贵族或‘资产阶级化了的工人’（参看恩格斯 1858 年写给马克思的论英国工人的信）的影响。”②

在大批群众受工会影响的情况下却不参加到工会中去发挥自身的作用，和资产阶级争夺群众，这只能说明“左派”共产党人在对待影响群众的问题上是多么的幼稚和轻率。他们只是在口头上喊着“群众”的口号，实际上却根本没有懂得群众工作到底应该怎么做。当无产阶级群众的觉悟程度逐步提高、组织起来的愿望日益迫切的时候，自称代表群众利益的“左派”

①《列宁全集》第 39 卷第二版增订版，人民出版社 2017 年版，第 91 页。
②《列宁选集》第 4 卷，人民出版社 2012 年版，第 162 页。

共产党人却以工会的“反动性”为借口，拒绝到群众中去工作，这种做法不仅是不明智的，而且对革命事业是有害的。他们“臆想出一种崭新的、纯洁的以及没有沾染资产阶级民主偏见、没有行会习气和狭隘行业观念的‘工人联合会’，一种将会（将会！）具有广泛性而只要（只要！）‘承认苏维埃制度和专政’就可以加入的‘工人联合会’！！”[①]这种严重脱离现实的幻想不仅在依然处于资产阶级统治下的西欧是不可能实现的，就是在无产阶级专政统治下的苏维埃俄国也是愚蠢的。工会是最广泛的群众组织，“左派”共产党人却以“承认专政”作为加入工会的条件，这无疑是在自己和群众之间筑起了一堵高墙。共产党人一旦离开了群众，也就失去了力量之源。幼稚的“左派”共产党人主观上可能不想这样，但他们的主张在客观上一定会造成这种效果。“共产党人的全部任务，就是要善于说服落后分子，善于在他们中间进行工作，而不是臆想出一些幼稚的‘左的’口号，把自己同他们隔离开来。”[②]

亲者痛仇者快，资产阶级和奉行机会主义政策的先生们却会非常感谢这样的“左派”革命家。他们会使用各种手腕，借助一切反动力量来阻止共产党人进入工会，千方百计地把共产党人从工会中排挤出去，以便独占工会这样的能对群众产生巨大影响的组织。在反动的大环境下开展工作的确会遇到很多困难和不顺心，但是，“我们应当善于对付这一切，不怕任何牺

①《列宁选集》第4卷，人民出版社2012年版，第163页。

②《列宁选集》第4卷，人民出版社2012年版，第164页。

性，必要时甚至可以采用各种巧妙的计谋和不合法的手段，可以保持缄默，掩饰真情，只求打入工会，留在工会里，想尽方法在那里进行共产主义工作”①。1905 年之前，在比西欧更加恶劣和专制的沙皇制度下，布尔什维克就是这样做的。当时，布尔什维克没有任何合法活动的空间，但当俄国密探为了同革命势力作斗争、控制工人运动而召开黑帮工人会议、组织黑帮工人团体时，布尔什维克派遣了许多优秀的党员去参加这些会议和团体，借敌人的平台建立与群众的联系，同时进行革命的宣传鼓动工作。巴布什金就是其中典型的代表人物。

列宁总结道：“应该善于作出一切牺牲，克服极大的障碍，在一切有无产阶级群众或半无产阶级群众的机关、社团和协会（哪怕这些组织是最反动不过的）里有步骤地、顽强地、坚定地、耐心地进行宣传和鼓动。”“要想善于帮助‘群众’，赢得‘群众’的同情、爱戴和支持，就必须不怕困难，不怕那些‘领袖’对我们进行挑剔、捣乱、侮辱和迫害（这些机会主义者和社会沙文主义者多半都直接或间接地同资产阶级和警察有勾结），哪里有群众，就一定到哪里去工作。”②据此，列宁还建议即将召开的共产国际第二次代表大会对不参加反动工会的政策进行公开的批评和谴责，并说明这种政策的巨大危害。

“左派”共产党人用来反对参加资产阶级议会的论据听起来更加具有迷惑性。“……凡是回头再去采用在历史上和政治上已

①《列宁选集》第 4 卷，人民出版社 2012 年版，第 164 页。

②《列宁选集》第 4 卷，人民出版社 2012 年版，第 162—163 页。

经过时的议会制斗争形式……都应当十分坚决地拒绝。”[①]列宁说：“这话说得狂妄到了可笑的地步，而且显然是错误的。”[②]狂妄可笑的原因在于西欧国家根本没有建立苏维埃共和国，他们依然处在资产阶级议会制当中。在这种情况下说什么“回头再去采用”议会制，岂不是痴人说梦吗？而这句话错误的关键就在于说议会制“在历史上和政治上已经过时”。

首先，议会制“在历史上已经过时”只在宣传意义上来说是对的——宣传绝不等于实际斗争的策略。议会制“在历史上已经过时”，这句话在宣传上的意思是说从世界历史的发展来看，人类已经进入推翻资本主义、建立社会主义的时代，在这样的历史大背景下，资产阶级议会制的时代已经终结，接下来要迎接的是无产阶级专政的时代。从社会历史发展的必然规律来说，这一点是毫无疑义的。但是，从宣传和理论上否定资产阶级议会制的历史意义，到无产阶级在物质层面把它抛进历史的垃圾堆，这中间还有很长的一段路要走，还需要进行长期的、顽强的斗争。“早10—20年或迟10—20年……从世界历史的角度来看，是微不足道的，甚至是无法大致估计在内的。”[③]但是，10—20年对实际的斗争来说却是至关重要的，10—20年的时间里社会可以发生翻天覆地的变化。“正因为如此，拿世界历史的尺度来衡量实际政策问题，便是绝对不能容忍的理论

①《列宁选集》第4卷，人民出版社2012年版，第165页。
②《列宁选集》第4卷，人民出版社2012年版，第165页。
③《列宁选集》第4卷，人民出版社2012年版，第166页。

错误。”①

其次，既然千百万的普通群众依然赞成并拥护议会制，甚至在某种意义上可以说他们是反对无产阶级革命的，那么，议会制“在政治上已经过时”的说法显然是不成立的。绝不能把先锋队和普通群众的思想觉悟混为一谈，绝不能把自己的主观愿望和客观实际混淆起来。“把自己的愿望，把自己思想上政治上的态度，当作了客观现实。这对革命家是最危险的错误。”②“左派”共产党人正是如此。“问题恰恰在于不能认为对于我们已经过时的东西，对于阶级、对于群众也已经过时。”③一方面，无产阶级政党不应该把自己降低到群众的水平，不应该被落后的思想所牵绊，而应该教育和引领群众破除旧社会所造成的偏见，向着更高的水平迈进。另一方面，无产阶级政党也应该清醒地注意到整个工人阶级和全体劳动群众的思想觉悟，而不仅仅是他们当中先进分子的状况，不能使先锋队脱离了群众的大部队。因此，革命的无产阶级政党必须参加议会工作并进行斗争，教育本阶级的落后群众，唤醒和启发包括农民在内的广大群众的觉悟。“当你们还无力解散资产阶级议会以及其他类型的任何反动机构的时候，你们就应该在这些机构内部工作，正是因为在那里还有受神父愚弄的、因身处穷乡僻壤而闭塞无知的工人；不然，你们就真有成为空谈家的危险。”④

①《列宁选集》第 4 卷，人民出版社 2012 年版，第 166 页。
②《列宁选集》第 4 卷，人民出版社 2012 年版，第 167 页。
③《列宁选集》第 4 卷，人民出版社 2012 年版，第 168 页。
④《列宁选集》第 4 卷，人民出版社 2012 年版，第 168 页。

列宁通过分析十月革命前后俄国的经验更好地说明了这一点。1917 年 9—11 月，俄国的工人、士兵和农民对于解散二月革命后建立的资产阶级议会、建立新的苏维埃政权已经在思想上、政治上和组织上做了充分的准备。但是，即使在这种情况下，布尔什维克还是没有抵制立宪会议，而是在十月革命前后都参加了立宪会议的选举。在 1917 年 6 月举行的全俄苏维埃第一次代表大会上，布尔什维克只占代表总数的 13%，社会革命党人和孟什维克占大多数。经过艰苦而有效的群众宣传和动员，到 1917 年 10 月召开的苏维埃第二次代表大会上，布尔什维克已占到代表总数的 51%，这从一个方面反映了十月革命得以成功的群众基础。之后，随着革命形势的发展，立宪会议逐渐成为社会革命党人和孟什维克攻击无产阶级专政的工具，布尔什维克又在群众的支持下解散了立宪会议。“经验证明，甚至在苏维埃共和国胜利以前的几个星期里，甚至在胜利以后，参加资产阶级民主议会，不仅对革命无产阶级没有害处，反而会使它易于向落后群众证明为什么这种议会应该解散，易于把这种议会解散，易于促使资产阶级议会制‘在政治上过时’。”①“正因为西欧工人中的落后群众，尤其是小农中的落后群众，受资产阶级民主偏见和议会制偏见的熏染比俄国的要厉害得多，所以共产党人只有从资产阶级议会这种机构内部，才能（并且应该）进行长期的、顽强的、百折不挠的斗争，来揭露、消除和

①《列宁选集》第 4 卷，人民出版社 2012 年版，第 169—170 页。

克服这些偏见。”[①]革命不是浪漫而美好的想象，困难不是靠转过脸去以为自己看不见就可以克服的。“要想‘避开’这种困难，‘跳过’利用反动议会来达到革命目的这个难关，那是十足的孩子气。”[②]

列宁还结合当时英国的具体情况，就如何通过参加议会工作来扩大影响给英国共产主义者提供了详细的策略指导。首先，英国的共产主义者应当把四个弱小的党派合并成一个统一的共产党；其次，统一之后的共产党和以韩德逊、斯诺登为领袖的工党达成竞选协议，共同反对以劳合-乔治为领袖的自由党和保守党人的联盟；再次，在选举之后另外举行一次投票，按照工人投给工党和共产党的票数来分配所获得的议席；最后，一定要保留各自在联盟内部进行鼓动、宣传和政治活动的充分自由。以韩德逊、斯诺登为首的英国工党站在机会主义、改良主义的立场，而以劳合-乔治为首的自由党和保守党的联盟则是英国资产阶级利益的代表。列宁认为，如果工党同意根据以上的条件和共产党结成同盟，那么共产党就能够在广大群众中展开宣传工作，使群众更快地了解共产主义的主张，同时共产党还能够借此来反对工党的机会主义。如果工党拒绝根据这些条件结成同盟，共产党一样能得到好处，甚至是更大的好处。在这种情况下，英国共产党可以借此来揭露工党机会主义的真面目，向群众指明：工党宁愿靠近资本家也不愿意让工人阶级联合起来，

①《列宁选集》第4卷，人民出版社2012年版，第174页。
②《列宁选集》第4卷，人民出版社2012年版，第174页。

他们害怕战胜资产阶级，害怕单独取得政权，一定要和资产阶级妥协，从而背叛工人阶级的利益。这样共产党就会获得群众更多的支持。布尔什维克就曾经拥有类似的成功经验。二月革命后，沙皇政府被推翻，代表小资产阶级的孟什维克和社会革命党人在苏维埃代表大会中占有多数，但是他们害怕单独取得政权。面对资产阶级一再拖延立宪会议的选举日期的恶劣行为，他们却一直不敢同这种资产阶级作斗争。正是在这个过程中，布尔什维克通过反对孟什维克和社会革命党人的宣传，逐步获得了工人阶级更多的支持。

三、单靠先锋队是不能胜利的

列宁说，历史上的一切革命，尤其是俄国 1905 年的革命，以及 1917 年的二月革命和十月革命证实了一条革命的基本规律："要举行革命，单是被剥削被压迫群众认识到不能照旧生活下去而要求变革，还是不够的；要举行革命，还必须要剥削者也不能照旧生活和统治下去。只有'下层'不愿照旧生活而'上层'也不能照旧维持下去的时候，革命才能获得胜利。这个真理的另一个说法是：没有全国性的（既触动被剥削者又触动剥削者的）危机，进行革命是不可能的。"[①]因此，要举行无产阶级革命，或者说无产阶级革命要具有成功的可能性，不仅要求无产阶级的先进分子充分意识到革命的必要性并抱定为革命

①《列宁选集》第 4 卷，人民出版社 2012 年版，第 193 页。

而牺牲的决心，还要求社会遇到全面的危机。不但统治阶级遭遇全面的政治危机，而且这种危机甚至把最落后的群众都将卷入政治活动当中。无数以前不关心政治的普通劳动群众受到事实的教育，在无产阶级政党的引导下组成一支拥有庞大力量的革命大军，这样剥削阶级的统治才有被推翻的可能。如果只有先锋队的革命热情，却没有广大群众的普遍觉醒和积极参与，革命是不可能获得成功的。

从这个角度再去看“左派”共产党人反对参加资产阶级议会和反动工会的论调，其幼稚性更加显而易见了。在发达的欧洲国家，由于资本主义经过了长期的发展，因此工人阶级和普通群众中存在着深厚的关于资产阶级民主的迷信与偏见。同时，英国、法国、德国等国的资产阶级还可以利用自身在国际体系中的垄断地位所获得的超额利润来收买和腐蚀工人阶级。因此，机会主义和改良主义在这些国家的群众中依然有着庞大的市场。在这种情况下，“左派”共产党人反对参加资产阶级议会和反动工会，放弃教育和启发群众的平台与阵地，无疑是脱离群众、只顾先锋队的单打独斗式的错误策略。“这很像 1 万名兵士跟 5 万名敌兵交战，在应当‘停顿’、‘转弯’，甚至实行‘妥协’以等待不能立即出动的 10 万援兵的情况下，却要去同敌人硬拼。这是知识分子的孩子气，而不是革命阶级的郑重的策略。”[①]共产党不是一个革命的小团体，而是一个代表广大

① 《列宁选集》第 4 卷，人民出版社 2012 年版，第 193 页。

群众的革命政党。要能代表最广大的群众，就必须尽一切努力、通过一切可能的渠道把群众争取过来，否则，号称革命的政党就有沦为空谈家的危险。

以英国为例，在当时，英国的多数工人还没有摆脱资产阶级和小资产阶级在思想上与政治上的影响。他们由于缺乏政治经验，还没有认清机会主义的真实面目。因此，英国的共产主义者必须积极参加议会活动，帮助机会主义者战胜资产阶级自由党和保守党，同时通过在议会中的斗争帮助工人和普通群众逐步从事实上认识到机会主义并不是群众利益的真正代表——他们最终不过是资产阶级的代理人罢了。如果机会主义者战胜了资产阶级自由党和保守党而取得政府的控制权，他们不能和资产阶级彻底决裂，因而并不能真正维护群众的利益。经过一段时间后，多数群众就会对这些“领袖”感到失望，转而拥护共产党人的主张，或者至少保持中立。“工人阶级多数人的观点如果不转变，进行革命是不可能的，而要实现这种转变，必须由群众取得政治经验，单靠宣传是永远不能奏效的。”[①]只有当群众“亲身体验到第二国际骑士们的政府怎样懦弱无能、毫无气节、一筹莫展、对资产阶级奴颜婢膝、卑鄙无耻，亲身体验到，不是无产阶级专政，就必然是极端反动分子的专政”[②]时，他们才会坚决地转到共产主义运动方面来。“单靠先锋队是不能胜利的。当整个阶级，当广大群众还没有采取直接支持先锋队的立

①《列宁选集》第 4 卷，人民出版社 2012 年版，第 192 页。

②《列宁选集》第 4 卷，人民出版社 2012 年版，第 201 页。

场，或者还没有对先锋队采取至少是善意的中立并且完全不会去支持先锋队的敌人时，叫先锋队独自去进行决战，那就不仅是愚蠢，而且是犯罪。”①

在之前的革命过程中，以俄国布尔什维克为代表的各国共产党先后在思想上和政治上与机会主义决裂，把无产阶级中的先进分子吸引到了新的共产主义的立场上——这是革命的第一步，也是至关重要的一步。然而，如果不在思想上和理论上肃清“左”倾机会主义，不彻底克服和摆脱虽然年轻但是致命的“左派”幼稚病，就不能引导广大群众转到保证先锋队取得革命胜利的新立场上，也就不能使先锋队获得打赢决战的最坚实的后盾。需要强调的是，这里说的“群众”不仅指的是无产阶级，还包括所有的劳动群众。无产阶级的历史使命决定了它必须成为所有被压迫阶级的领导者。因此，共产党要想在事实上而不是在形式上成为无产阶级的先锋队，必须要能够领导广大群众，不仅是无产阶级的群众，而且包括非无产阶级的被剥削的劳动群众。共产党要用普通群众最容易接受、理解而又清晰生动的方式去进行宣传、组织和鼓动，尽可能多地把群众吸引到自己的身边来。

“如果共产党员（以及所有成功地开始了大革命的革命家）以为单靠革命家的手就能完成革命事业，那将是他们最大最危险的错误之一。”②任何一次重大的革命工作要想取到成功，都

①《列宁选集》第 4 卷，人民出版社 2012 年版，第 201 页。

②《列宁选集》第 4 卷，人民出版社 2012 年版，第 646 页。

离不开广大群众的积极参与。革命政党所起的只是先锋队的作用——非常重要的作用，同时是对共产主义事业来说远远不够的作用。“先锋队只有当它不脱离自己领导的群众并真正引导全体群众前进时，才能完成其先锋队的任务。”[①]

①《列宁选集》第4卷，人民出版社2012年版，第646页。

第八章　马克思主义的活的灵魂是具体地分析具体的情况

经过对前文具体问题的分析，列宁最后从哲学根源上对“左”倾机会主义和右倾机会主义错误的根源作了剖析。无论是对俄国革命经验的否定和夸大，还是在政党和纪律问题上的机械认识，抑或是在是否应该参加资产阶级议会和工会问题上的幼稚看法，其根源都在于违背了马克思主义的辩证法。右倾机会主义者无视革命形势的发展而被旧的成见所束缚，而“左”倾机会主义者则把革命的发展想象得过于简单，以为可以一味地抛弃旧事物，将自己和现实隔离开来。他们都忘记了最重要的一点：马克思主义的活的灵魂是具体地分析具体的情况。马克思主义不是教条，而是行动的指南。只有善于将马克思主义的基本原理和每时每地的具体实际灵活地结合起来，才称得上是真正掌握了马克思主义。

一、右倾学理主义和“左”倾学理主义

在《共产主义运动中的“左派”幼稚病》中，列宁用右倾学理主义和“左”倾学理主义两个词对来自右和“左”两方面

的错误思想的理论根源作了概括。通过这个用词我们可以看出，“学理主义”是二者共同的本质。所谓学理主义即指考虑问题单纯从抽象的理论出发，而不是从具体生动的社会实际出发。第二国际的考茨基、鲍威尔等人在理论上号称通晓马克思主义，他们还曾作为前辈向其他人传授过马克思主义的辩证法并产生了广泛影响，他们的一些著作即使放在今天也依然是有价值的。然而，一旦落到实践中的时候，他们竟成了非辩证论者。他们在革命形势的迅速发展和变化面前丧失了判断力，当苏维埃这种崭新的、更能代表工人运动发展的形式出现时，他们却依然固守工会、资产阶级议会等旧形式，兜售改良主义的主张。革命已经出现新的内容，右倾机会主义者却要用旧的形式来束缚新内容的成长，这不能不在客观上起到了背叛和破坏革命的作用。时过境迁，这么多曾经忠于社会主义的、有威望的领袖却站在了革命的反面，和敌人纠缠在一起，这难道不引人深思吗？

列宁用一个非常简单而形象的比喻对错误思想的根源作了说明。“他们破产的根本原因就在于他们只是‘死盯着’工人运动和社会主义运动发展的某一形式，而忘记了这个形式的片面性，他们不敢正视由于客观条件的改变而必然发生的急剧变化，而继续重复那种简单的、背熟了的、初看起来是不容争辩的真理：三大于二。然而政治与其说像算术，不如说像代数，与其说像初等数学，不如说更像高等数学。实际上，社会主义运动的一切旧形式中都已注入了新内容，因此在数字前面出现了一个新符号即‘负号’，可是我们那些圣哲仍然（现在还在）

固执地要自己和别人相信：‘负三’大于‘负二’。”[①]理解初等数学只需要简单的线性思维，理解高等数学则需要复杂思维，而要想理解社会变革这道难题更不是靠“三大于二”这种思维就可以完成的。任何真理都是具体的，任何真理的运用都是要以环境为转移的。工会是工人团结的武器，议会斗争可以为工人争取权益，这些判断在工人运动发展的初期无疑是正确的。但是，随着国家垄断资本主义的发展和矛盾的激化，当俄国已经出现了苏维埃政权和无产阶级专政这样的新形式时，当俄国革命向其他国家展示了革命的前景时，第二国际的领袖们却一味地抱着成见，依然认为工会和资产阶级议会是最好最合适的形式，认为俄国革命并不具有国际意义。这不就和只知道“三大于二”却不懂得“负三小于负二”，还认为说“负三小于负二”的人是疯子是一样的道理吗？

与右倾机会主义者不顾革命新内容的出现而固守旧的形式相反，“左”倾机会主义者则因为革命新内容的出现而全盘否定旧的形式。“左”倾机会主义者认为，既然已经进入了无产阶级革命和建立无产阶级专政的时代，那么资产阶级统治下的工会和议会等旧的形式也就完全失去了作用，没有必要参与。他们否定一切和旧势力、旧团体的妥协，认为这根本不是共产党人所应当做的事情。共产党人的任务就是完全依靠“自己”的力量，径直把革命推向前进，在“笔直”的道路和“纯粹”

①《列宁选集》第4卷，人民出版社2012年版，第209—210页。

的环境中取得无产阶级的伟大胜利。列宁肯定了他们的革命热情和美好愿望，同时指出这种热情和愿望是建立在对真理的片面理解之上的。“共产党人要竭尽全力来指导工人运动以及整个社会发展沿着最直最快的道路走向苏维埃政权在全世界的胜利，走向无产阶级专政。这是无可争辩的真理。然而，只要再多走一小步，看来像是朝同一方向多走了一小步，真理就会变成错误。”[①]沉迷于公开的工会和议会斗争固然会落入改良主义和机会主义的泥淖，但全盘否定它们在启发群众、教育群众、争取群众方面的重要作用同样是极其错误的。像第二国际的领袖们那样看不到无产阶级革命的远大前景，仅仅为了保持眼前的利益而和资产阶级做妥协固然是对革命与工人运动的背叛，但对于因此而否定一切情况下的妥协的行为，我们不得不说是极其幼稚的。革命的道路不可能是一帆风顺的，革命的新内容也不是凭空生长出来的，它必然是在和旧社会一切事物的曲折斗争中巩固起来的。“只要像德国和英国的左派共产主义者那样，说我们只承认一条道路，一条笔直的道路，说我们不容许机动、通融和妥协，这就犯了错误，这种错误会使共产主义运动受到最严重的危害，而且共产主义运动部分地已经受到或正在受到这种危害。”[②]

无论是右倾机会主义者还是“左”倾机会主义者，他们都在形式与内容的问题上违背了马克思主义的辩证法，都忘记了从

①《列宁选集》第 4 卷，人民出版社 2012 年版，第 210—211 页。

②《列宁选集》第 4 卷，人民出版社 2012 年版，第 211 页。

实际出发对一切具体问题做具体分析才是马克思主义最根本的方法。“右倾学理主义固执地只承认旧形式，而不顾新内容，结果彻底破产了。左倾学理主义则固执地绝对否定某些旧形式，看不见新内容正在通过各种各样的形式为自己开辟道路，不知道我们共产党人的责任，就是要掌握一切形式，学会以最快的速度用一种形式去补充另一种形式，用一种形式去代替另一种形式，使我们的策略适应并非由我们的阶级或我们的努力所引起的任何一种形式的更替。”[①]绝对否定旧形式的做法实际上是逃避困难的做法，是思想上懒惰的体现。如果革命只需要掌握一种形式就可以走向胜利，那岂不是太容易了吗？如果一种斗争形式就可以应对风云变幻的革命浪潮，那么还需要共产党的战略和策略吗？

对于右倾机会主义，列宁可以说是抱着一种对待敌人的态度，而对于幼稚的“左派”共产党人，列宁其实抱有极大的善意和理解。他认为，刚刚产生的“左派”幼稚病危害还比较小，是比较容易纠正的。“目前共产主义运动中左倾学理主义错误同右倾学理主义（即社会沙文主义和考茨基主义）错误比较起来，其危害性和严重性不及后者的千分之一，然而这只不过是由于左倾共产主义是一种刚刚产生的还很年轻的思潮。只是因为这个缘故，这种病症在一定条件下容易治好，但是必须用最大的努力去医治。”[②]在列宁看来，无产阶级革命实践将对学理主义的思维方法产生巨大的冲击，年轻的“左派”共产党人将从中受到教育

①《列宁选集》第 4 卷，人民出版社 2012 年版，第 211 页。

②《列宁选集》第 4 卷，人民出版社 2012 年版，第 210 页。

而变得成熟起来。因此，我们有充分的理由相信，国际共产主义运动中的“左派”幼稚病将得到迅速而彻底的医治。

然而，事情的发展并不如列宁所愿。在列宁逝世以后的国际共产主义运动史中，“左”倾机会主义的错误思想层出不穷，并对各国革命事业造成了极大危害。人们常说，以史为鉴可以知得失，但是要真正做到以史为鉴并不是那么容易的。虽然列宁在《共产主义运动中的“左派”幼稚病》中已经指出和分析了“左”倾机会主义的各种错误思想，但其他人、其他政党要真正避免“左”的错误并不是听取了列宁的教导就顺理成章了。在思维方法上用唯物辩证法替代机械论并运用到实际当中是一个长期而艰苦的过程，在一个问题上做到理论与实际相结合并不代表在另外一个问题上同样可以做到。因此，在这个过程中，实际经验的教育也非常重要。“假使这些人还不懂得，无论自然界还是社会中，一切界限都是变动的，而且在一定程度上都是有条件的，那么除了通过长期的训练、培养和教育，让他们取得政治经验和生活经验以外，就没有别的办法可以帮助他们。”①中国工农红军五次反“围剿”的历史很好地证明了这一点。虽然毛泽东从实际出发的正确主张多次指导战争取得了胜利，但以王明、博古为代表的“左”倾路线一经取得领导权力依然迷惑了很多人。直到经历了湘江战役的惨败，无数红军战士付出生命的代价，这才为遵义会议的战略转折奠定了思想前提和群众基础。

①《列宁选集》第4卷，人民出版社2012年版，第178页。

二、开一张包治百病的丹方是不可能的

与马克思主义的辩证法所要求的具体问题具体分析相对立，“左派”共产党人幼稚想法的集中表现就是希望开一张包治百病的丹方，希望靠一条条原则一劳永逸地解决所有问题。对此，列宁说：“如果要开一张包治百病的丹方，或者拟定一个适用于一切情况的一般准则（‘不作任何妥协’！），那是很荒谬的。为了能够弄清各个不同的情况，应该有自己的头脑。”[①]党组织在一定程度上正是通过为不同的情况制定不同的解决办法来领导本阶级不断前进的。

那么，为什么说“开一张包治百病的丹方”是荒谬和不可能的呢？

首先，从成功的必备条件来说，革命必须要取得大部分人的支持。既然革命所要争取和动员的群体是多种多样的，那么所要掌握和运用的形式也必然不能是单一的。尤其需要强调的是，针对先锋队适用的方法对于广大群众来说很可能是不起作用的。“最优秀的先锋队也只能体现几万人的意识、意志、热情和想象；而革命却是在人的一切才能高度和集中地调动起来的时刻，由千百万被最尖锐的阶级斗争所激发的人们的意识、意志、热情和想象来实现的。”[②]因此，为了尽可能扩大在群众中的影响，建立广泛的群众基础，无产阶级政党必须善于运用

①《列宁选集》第 4 卷，人民出版社 2012 年版，第 177—178 页。
②《列宁选集》第 4 卷，人民出版社 2012 年版，第 203 页。

各种形式把群众调动起来。一方面必须“毫无例外地掌握社会活动的一切形式或方面”，另一方面，还必须“准备最迅速最突然地用一种形式来代替另一种形式”[①]。

其次，革命形势时刻处在发展变化之中，一种情况下有用和有利的斗争方法在另一种情况不一定能够奏效，有时候甚至会造成有害的结果。政治斗争在很多时候比军事斗争更加复杂，“在政治上更难预先知道，将来在这种或那种条件下，究竟哪一种斗争手段对于我们是适用的和有利的。倘若我们不掌握一切斗争手段，当其他阶级的状况发生了不以我们的意志为转移的变化，从而把我们特别没有把握的一种活动形式提到日程上来的时候，我们就会遭到巨大的有时甚至是决定性的失败”[②]。以合法斗争和不合法斗争手段的运用为例，在统治阶级用合法斗争手段欺骗和愚弄群众，妄图把群众斗争限制在改良主义的框架内的时候，拒绝采用不合法斗争手段，那就是机会主义者，是群众利益的叛徒。但是，一个不善于把合法斗争和不合法斗争结合起来的革命家同样是不合格的革命家。在没有条件进行公开革命斗争的时候拒绝利用合法手段和合法平台，实际上就是把自己和群众隔离开来，奉行革命的“取消主义”。“要在还没有条件进行直接的、公开的、真正群众性的、真正革命的斗争的时候，善于做一个革命家，要在非革命的、有时简直是反动的机构中，在非革命的环境里，在不能立刻了解必须采取

①《列宁选集》第 4 卷，人民出版社 2012 年版，第 203 页。
②《列宁选集》第 4 卷，人民出版社 2012 年版，第 203—204 页。

革命的行动方法的群众中，善于捍卫革命的利益（通过宣传、鼓动和组织），那就困难得多，因而也可贵得多。”[①]真正的革命家要善于利用资产阶级社会中的各种合法形式和合法平台，把它们在实际上改造成为我所用的阵地。共产党人要“在各个系统，在生活的各个领域里，把旧的、社会党的、工联主义的、工团主义的议会工作，改造成新的、共产主义的议会工作”，要“学会创造一种新的、不寻常的、非机会主义的、不贪图禄位的议会活动……到处启发思想，发动群众，抓住资产阶级说过的话，利用资产阶级设立的机构，利用它规定的选举以及它向全体人民发出的号召，并使人民了解布尔什维主义”[②]。

最后，从根本上来说，“开一张包治百病的丹方”的想法违背了矛盾的特殊性这一基本原理。每一事物都包含着与其他事物不同的特殊矛盾，这种特殊矛盾构成了它和其他事物的区别，也决定了解决矛盾所应采取的方法。“固然，如果不认识矛盾的普遍性，就无从发现事物运动发展的普遍的原因或普遍的根据；但是，如果不研究矛盾的特殊性，就无从确定一事物不同于他事物的特殊的本质，就无从发现事物运动发展的特殊的原因，或特殊的根据”[③]，从而也就无法找到解决矛盾的方法，更谈不上推动事物向前发展。“我们的教条主义者是懒汉，他们拒绝对于具体事物做任何艰苦的研究工作，他们把一般真理

①《列宁选集》第 4 卷，人民出版社 2012 年版，第 204 页。
②《列宁选集》第 4 卷，人民出版社 2012 年版，第 206 页。
③《毛泽东选集》第 1 卷，人民出版社 1991 年版，第 309 页。

看成是凭空出现的东西，把它变成为人们所不能够捉摸的纯粹抽象的公式，完全否认了并且颠倒了这个人类认识真理的正常秩序。”[①]从另一个角度来说，矛盾的普遍性和特殊性其实就是矛盾的共性与个性的关系。共性是绝对的，个性是相对的。然而，没有离开个性的共性，共性必须依托具体的个性而存在。既然每一事物有其特殊的个性，又怎么能指望拿一种方法去解决所有事物的矛盾。“这一共性个性、绝对相对的道理，是关于事物矛盾的问题的精髓，不懂得它，就等于抛弃了辩证法。”[②]

如果说某一“丹方”对于治疗某种疾病是“真理”，那么就像用一个药方治疗不同人和不同疾病是不可能完全奏效的一样，把一个“真理”运用到它的适用范围之外也是错误的，甚至还可能造成严重的后果。好心的庸医能杀人，幼稚的革命家也会给人民的事业带来巨大危害。“使一种新的政治思想（不仅是政治思想）声誉扫地，受到损害，最有效的方法就是以维护为名，把它弄到荒谬绝伦的地步。这是因为任何真理，如果把它说得‘过火’（如老狄慈根所说的那样），加以夸大，把它运用到实际适用的范围之外，便可以弄到荒谬绝伦的地步，而且在这种情形下，甚至必然会变成荒谬绝伦的东西。”[③]针对真理和谬误的辩证关系问题，恩格斯早就说过：“真理和谬误，正如一切在两极对立中运动的逻辑范畴一样，只是在非常有限

①《毛泽东选集》第 1 卷，人民出版社 1991 年版，第 310 页。

②《毛泽东选集》第 1 卷，人民出版社 1991 年版，第 320 页。

③《列宁选集》第 4 卷，人民出版社 2012 年版，第 172 页。

的领域内才具有绝对的意义……如果我们企图在这一领域之外把这种对立当做绝对有效的东西来应用，那我们就会完全遭到失败；对立的两极都向自己的对立面转化，真理变成谬误，谬误变成真理。”[①]脱离了具体问题具体分析的马克思主义的活的灵魂，任何真理都有可能变成谬误。

因此，对于马克思主义基本原理，对于俄国革命的基本经验，所有的共产党人应当根据自己国家的实际情况加以理解和运用——这是革命胜利的不二法门。“在所有的国家里，共产主义运动都在经受锻炼和日益发展；它已经如此根深蒂固，种种迫害削弱不了它，损害不了它，反而加强了它。我们要更有信心、更坚定地向胜利前进，现在只缺一点，这就是一切国家的一切共产党人要普遍而彻底地认识到必须使自己的策略具有最大的灵活性。特别是先进国家中蓬勃发展着的共产主义运动，目前缺少的就是这种认识，就是在实践中运用这种认识的本领。”[②]

三、针对不同的特点来运用马克思主义的基本原理

“共产主义者的任务，像在任何时候一样，也是要善于针对各阶级和各政党相互关系的特点，针对共产主义客观发展的特点来运用共产主义普遍的和基本的原则；要看到这种特点每个

①《马克思恩格斯选集》第 3 卷，人民出版社 2012 年版，第 467—468 页。

②《列宁选集》第 4 卷，人民出版社 2012 年版，第 209 页。

国家各不相同，应该善于弄清、找到和揣摩出这种特点。”[①]俄国革命向其他国家展示了革命的前景，但是夸大俄国革命所有具体经验的意义，认为其“放之四海而皆准”，那就犯了教条主义的错误；第二国际的机会主义者及其领袖确实可恨，但因为遇到坏的政党和领袖而在理论上把政党和阶级、领袖和群众对立起来，那就走向了无政府主义；为了小集团的眼前利益而出卖无产阶级的长远利益和资产阶级做妥协，这无疑是要揭露和抨击的，但因此而反对一切必要的妥协，则必然会给革命力量带来不必要的损失；迷信议会斗争，把工人运动限制在改良主义的框架之内是背叛革命的做法，但在适当的时候拒绝利用议会斗争来教育群众和吸引群众，那就等于主动放弃了革命阵地。“左派”幼稚病的种种表现不一而足，其共同特点是不懂得针对不同的特点来理解和运用马克思主义基本原理。以议会斗争为例，布尔什维克于 1905 年对议会的抵制之所以是正确的，是因为当时议会外以罢工和土地运动为代表的群众革命行动正在迅速发展，包括农民在内的社会广大阶层不会给政府以支持，同时无产阶级还能通过革命行动影响群众，扩大自己的群众基础。1906 年对议会的抵制之所以是错误的，是因为革命那时已经进入低潮，专制政府的镇压更加严酷，革命力量缺少公开活动的空间。在这种情况下抵制议会无疑相当于自废武功。这一前后对比鲜明地说明了具体问题具体分析的必要性和重

①《列宁选集》第 4 卷，人民出版社 2012 年版，第 197—198 页。

要性。“善于找到、善于探索到和正确判定能够引导群众去作真正的、决定性的、最后的伟大革命斗争的具体道路或事变的特殊转变关头——这就是西欧和美国目前共产主义运动的主要任务。”①

面对国际共产主义运动蓬勃发展的前景，列宁一方面深切希望各国共产党能够发挥主动性，创造符合本国国情的斗争和发展道路，另一方面对新成立的共产国际提出了要求。当时，有些人忽视各民族的差别，夸大俄国革命经验的普遍性意义，认为共产国际就是要以俄国革命经验为基础对各国革命进行统一领导。对此，列宁指出：“必须清楚地认识到，这样的领导中心无论如何不能建立在斗争策略准则的千篇一律、死板划一、彼此雷同之上。”②共产国际应该在充分了解各个国家和民族实际情况的基础上提供指导性建议，而不是命令所有地方都模仿俄国的具体道路；要给各个国家的共产党以充分的自主权，尊重他们的相对独立性。“只要各个民族之间、各个国家之间的民族差别和国家差别还存在（这些差别就是无产阶级专政在全世界范围内实现以后，也还要保持很久很久），各国共产主义工人运动国际策略的统一，就不是要求消除多样性，消灭民族差别（这在目前是荒唐的幻想），而是要求运用共产党人的基本原则（苏维埃政权和无产阶级专政）时，把这些原则在某些细节上正确地加以改变，使之正确地适应于民族的和民族国家

①《列宁选集》第 4 卷，人民出版社 2012 年版，第 204—205 页。

②《列宁选集》第 4 卷，人民出版社 2012 年版，第 200 页。

的差别，针对这些差别正确地加以运用。”[①]

“马克思主义的全部精神，它的整个体系，要求人们对每一个原理都要（α）历史地，（β）都要同其他原理联系起来，（γ）都要同具体的历史经验联系起来加以考察。”[②]无论是马克思、恩格斯的著作还是列宁的著作，都是从时代和革命运动面临的实际问题出发所做的理论探索。他们从来不是为了写作而写作，不是为了论证而论证，他们的目的都是解决实际的问题。因此，对于马克思主义的基本原理一定要结合当时的历史去进行理解，要搞清楚经典作家为什么在当时给出了这样的判断和结论，以及支撑这样的判断和结论的具体历史条件是什么。学习马克思主义不是学习和背诵它的文字与个别结论，而是要把握文字背后的立场、观点和方法。抛弃具体问题具体分析这一马克思主义的精髓，用本本来指导革命，最终只能误国误民。在中国共产党将近一百年的历史中，也曾经因为背离了具体问题具体分析这一原理而产生过各种“左”倾机会主义和右倾机会主义的错误思想，给革命、建设和改革带来了不少挫折与损失。经过无数血与火的教训，中国共产党逐渐确立了实事求是的思想路线，并在这一思想路线的指导下带领中国人民实现了从站起来到富起来再到强起来的伟大历史飞跃。

①《列宁选集》第 4 卷，人民出版社 2012 年版，第 200 页。
②《列宁选集》第 2 卷，人民出版社 2012 年版，第 785 页。

第九章　知其一也要知其二——有“左”反“左”，有右反右

中国共产党人一直非常重视对《共产主义运动中的“左派”幼稚病》的学习，并将其中的原则与中国的实际加以结合进行运用。自从子云翻译第一个中译本以来，《共产主义运动中的“左派”幼稚病》在中国先后共出版了12个主要译本，其中很多是在共产党的推动下完成的。以毛泽东同志为代表的中国共产党人在新民主主义革命时期立足于中国国情，继承和发扬了列宁在《共产主义运动中的“左派”幼稚病》中论述的许多思想，如有“左”反“左”，有右反右，一切从实际出发，经过艰辛的探索最终形成了正确的思想路线、政治路线和组织路线，从而取得了新民主主义革命的胜利，建立了中华人民共和国。改革开放四十年来，以邓小平为代表的中国共产党人从实际出发，冲破“左”的思想束缚，历史性地开创、坚持和发展了中国特色社会主义道路。面对各种错误思想，中国共产党人坚持以“一个中心，两个基本点”为核心的社会主义初级阶段基本路线，成功战胜了来自“左”的和右的两方面的干扰，创造了

举世瞩目的伟大奇迹。在这些历史进程当中，我们可以看到中国共产党人对《共产主义运动中的“左派”幼稚病》中的思想观点的学习与运用。

一、《共产主义运动中的“左派”幼稚病》的中译版本及传播情况

1926 年 1 月，子云翻译了《共产主义运动中的“左派”幼稚病》的第十章“几点结论”，并将标题改为《列宁主义的革命战术》，发表在《中国青年》上。这是迄今为止的第一个中译版本，但不是全译本。1928 年，武兆镐翻译的第一个全译本出版，书名是《共产主义左派幼稚病》。1936 年 6 月，由莫斯科外国工人出版社出版的中文单行本在我国传播较广，影响较大，抗日战争和解放战争时期各根据地与解放区曾多次重印。1957 年 10 月，由中央编译局译校的版本最先收录在《列宁论伟大的十月社会主义革命》一书中，摘录了第一、第七、第十章，全文收录在 1958 年出版的《列宁全集》中文版第 1 版第 31 卷。之后出版的《列宁全集》和《列宁选集》也都收录了《共产主义运动中的“左派”幼稚病》一文。2009 年 12 月，中央编译局编译的《列宁专题文集》五卷本出版发行，其中的《论无产阶级政党》专题文集收录了《共产主义运动中的“左派”幼稚病》中的第二、第五、第十章。此外，中国还先后出版过

《共产主义运动中的“左派”幼稚病》的朝鲜文版、蒙古文版、哈萨克文版、维吾尔文版、藏文版及盲文版。[①]

二、以毛泽东同志为代表的中国共产党人在新民主主义革命时期的学习与运用

1932 年，红军在成功打下漳州后没收了一大批书籍，其中就有列宁所写的《共产主义运动中的“左派”幼稚病》。毛泽东阅读此书后，对书中所表达的思想观点非常重视。他不仅自己经常认真阅读和思考，还将此书推荐给党内其他同志，勉励他们也用书中的观点来指导实际的革命斗争。彭德怀在其自述中说，1933 年，“接到毛主席寄给我的一本《两个策略》，上面用铅笔写着（大意）：此书要在大革命时读着，就不会犯错误。在这以后不久，他又寄给一本《‘左派’幼稚病》（这两本书都是打漳州中学时得到的），他又在书上面写着：你看了以前送的那一本书，叫做知其一而不知其二；你看了《‘左派’幼稚病》才会知道‘左’与右同样有危害性。前一本我在当时还不易看懂，后一本比较容易看懂些”[②]。《社会民主党在民主革命中的两个策略》主要批判了放弃无产阶级对民主革命领导权的右倾投降主义错误，而《共产主义运动中的“左派”幼稚病》

① 参见吴克明：《列宁〈共产主义运动中的“左派”幼稚病〉研究读本》，中央编译出版社 2017 年版，第 19—26 页。

② 彭德怀：《彭德怀自述》，人民出版社 1981 年版，第 183 页。

则主要针对的是急躁冒进、脱离实际、沉浸于主观幻想的“左”倾机会主义错误。可见，毛泽东当时在理论上已经对大革命时期党在领导方面的错误和八七会议之后党内一再出现的“左”倾错误有了深刻的认识。在党的七大上，毛泽东特别推荐大家读《共产党宣言》《社会主义从空想到科学的发展》《社会民主党在民主革命中的两个策略》《共产主义运动中的“左派”幼稚病》《联共（布）党史简明教程》等五本书。[①]在党的七届二中全会上，毛泽东又提出干部必读的 12 本书，即《社会发展史》《政治经济学》《共产党宣言》《社会主义从空想到科学的发展》《帝国主义是资本主义的最高阶段》《国家与革命》《共产主义运动中的“左派”幼稚病》《论列宁主义基础》《联共（布）党史简明教程》《列宁斯大林论社会主义建设》《列宁斯大林论中国》《马恩列斯思想方法论》。[②]两次推荐的书目中都有《共产主义运动中的“左派”幼稚病》，可见毛泽东对此书的重视程度。

据延安时期给毛泽东管理过图书的史敬棠回忆，毛泽东在延安经常读《社会民主党在民主革命中的两个策略》和《共产主义运动中的“左派”幼稚病》，他用的这两本书还是经过万里长征从中央苏区带来的，虽然破旧了，仍爱不释手。毛泽东在这两本书中写了一些批语，有几种不同颜色的笔画的圈、点和杠杠，写有某年某月“初读”、某年某月“二读”、某年某

①《毛泽东文集》第 3 卷，人民出版社 1996 年版，第 417 页。
②《毛泽东文集》第 5 卷，人民出版社 1996 年版，第 267 页。

月“三读”的字样。这说明，到那个时候为止，这两本书他至少读过三遍了。[①]1948 年 4 月，解放战争进入战略反攻阶段，解放军在各个战场不断取得胜利。此时，毛泽东重新阅读了《共产主义运动中的“左派”幼稚病》。4 月 21 日，他在该书封面写下一段批语：“请同志们看此书的第二章，使同志们懂得必须消灭现在我们工作中的某些严重的无纪律状态或无政府状态。”[②]

那么，毛泽东为什么会对《共产主义运动中的“左派”幼稚病》一书如此重视呢？因为中国革命的经验和教训使得毛泽东深知，“左”的错误和右的错误都会对革命事业造成严重的危害。在新民主主义革命时期，以毛泽东同志为代表的中国共产党人正是在不断克服“左”的和右的错误中一步步摆脱幼稚、走向成熟的，中国共产党也是在与“左”的和右的错误不断斗争中从弱小走向强大，一步步发展壮大起来的。

1921 年中国共产党成立之初，对于中国的国情其实并不十分了解，因此在党的纲领中对如何进行革命、对社会各阶级持什么样的态度并没有具体的表述。后来，随着认识的加深，加上共产国际的指导，共产党人明确了中国当前的革命是民主主义性质的。既然是民主主义革命，那么主要的任务就是反对封建主义和帝国主义。因此，资产阶级是可以联合的对象。在

① 孙宝义、刘春增、邹桂兰：《毛泽东的读书人生》，中央文献出版社 2006 年版，第 70 页。

② 中共中央文献研究室编：《毛泽东年谱（1893—1949）》修订本下卷，中央文献出版社 2013 年版，第 304 页。

这种思想的指导下，1924 年共产党和国民党进行了第一次合作。在第一次国共合作期间，中国共产党大力发展工人运动、农民运动和学生运动，推进并帮助了国民党的改组和国民革命军的建立，培养了大批政治骨干和军事人才，为北伐的胜利奠定了坚实的基础。在短短的几年时间里，中国共产党党员人数由 1923 年 6 月的 432 人迅速发展到 1927 年 4 月的 5.7 万人。然而，到大革命后期，以陈独秀为代表的右倾机会主义思想在党内占据了统治地位。右倾机会主义者严重低估了革命力量，对资产阶级右派的进攻行为采取妥协退让的态度，最终发展为投降主义，主动放弃了无产阶级的革命领导权。当国民党内的反动力量叛变革命，发动反革命政变时，党和人民无法组织有效的抵抗，大革命最终失败了。

1927 年 8 月召开的八七会议纠正了右倾路线的错误，决定采取武装反抗和土地革命的方针，这无疑是正确的。但此时，由于对国民党反动派的仇恨和对右倾投降主义的愤怒，受小资产阶级思想所影响的“左”倾情绪在党内也很快发展起来了。“左”倾机会主义者犯有革命急性病，用情绪代替了理智，以为仅凭着一腔革命热情就能战胜强大的敌人。他们不顾实际情况和力量对比，实行冒险主义、盲动主义和命令主义的政策，一味强调进攻，组织毫无胜利希望的武装起义，造成了革命力量的巨大损失。他们不懂得暂时的退却和“妥协”对于保存革命有生力量来说是必需的。他们还过分强调领导干部的工人出身，并造成了相当严重的极端民主化问题。1928 年 6—7 月召开的

党的六大正确指出了中国现阶段的革命依然是资产阶级民主革命，指出党在当时的总任务不是进攻和组织起义，而是争取群众，并对“左”倾盲动主义进行批判。但是，“它对于中间阶级的两面性和反动势力的内部矛盾，缺乏正确的估计和政策；对于大革命失败后党所需要的策略上的有秩序的退却，对于农村根据地的重要性和民主革命的长期性，也缺乏必要的认识”[①]。这些缺点和错误被后来的“立三路线”，以及王明、博古所主导的第三次“左”倾路线进一步扩大和发展了。“左”倾机会主义者一味地照搬俄国革命的经验，否定“农村包围城市”的正确道路。他们只看到革命的有利形势，不能客观地考察敌我力量的对比，认为革命是一个高潮接着一个高潮，却看不到中国的国情决定了民主革命的不平衡性和长期性。他们不合实际地夸大了资产阶级的反动性，对资产阶级、中间势力和富农做了错误的估计，因而将自己孤立起来了。他们拒绝利用军阀之间的矛盾，拒绝同愿意停止进攻红军的军队达成妥协。他们总是强调“决战”和“生死存亡”，否认敌强我弱的事实，主张“御敌于国门之外”，把毛泽东主张战略退却以保存和发展革命有生力量的正确思想视为“右倾机会主义”，并作为主要的敌人来反对。在白区工作方面，他们否认革命进入低潮的现实，在敌人力量强大的城市拒绝实行必要的退却，拒绝利用一切合法斗争的手段，继续实行各种形式的进攻，导致了各种无谓的

①《毛泽东选集》第3卷，人民出版社1991年版，第958页。

牺牲。“他们从不设想到可能的最困难和最复杂的情况，而只是梦想着不可能的最顺利和最简单的情况。”“总之，各次尤其是第三次‘左’倾路线的同志们只知道关门主义和冒险主义，盲目地认为‘斗争高于一切，一切为了斗争’，‘不断地扩大和提高斗争’，因而不断地陷于不应有的和本可避免的失败。”①

与此同时，以毛泽东同志为代表的中国共产党人经过丰富的革命实践和理论思考正确指出，中国现阶段革命的性质是反帝反封建的民主主义革命，要根据每一阶段的主要任务团结一切可以团结的力量共同反对主要的敌人；由于中国资产阶级的软弱性和动摇性，无法承担起革命的领导任务，因此无产阶级和共产党必须抓住革命的领导权；由于中国是一个发展极不平衡的半殖民地半封建的大国，因此革命的发展必然会呈现出极大的不平衡性，革命在全国的胜利不能不经历长期而曲折的斗争，同时不平衡性又使这一斗争能广泛地利用敌人的矛盾，在敌人统治薄弱的地区首先建立革命根据地；由于中国的农民占人口的绝大多数，因此中国的革命实际上是农民革命，对于农民斗争的领导是中国共产党的基本任务；由于敌强我弱的现实短期内不可能改变，因此红军要坚持战略的持久战和战役的速决战，分兵以发动群众，集中以应付敌人，在“敌进我退，敌驻我扰，敌疲我打，敌退我追”②的游击战和运动战中不断消灭

①《毛泽东选集》第 3 卷，人民出版社 1991 年版，第 980—982 页。

②《毛泽东选集》第 1 卷，人民出版社 1991 年版，第 204 页。

敌人，壮大自己的有生力量。然而，这些正确的认识和策略却被“左”倾路线长期压制和打击。

“左”倾路线所犯的一切错误，其根源在于从思想背离了历史唯物主义和辩证唯物主义。他们不是从中国革命的客观实际和中国人民的客观需要出发，而是从马列主义的教科书出发。他们未做周密的调查研究，而总是停留在自己的主观想象当中。如果这样能指导革命走向胜利，那真是咄咄怪事。在《反对本本主义》中，毛泽东说：“我们说马克思主义是对的，决不是因为马克思这个人是什么‘先哲’，而是因为他的理论，在我们的实践中，在我们的斗争中，证明了是对的。……马克思主义的‘本本’是要学习的，但是必须同我国的实际情况相结合。我们需要‘本本’，但是一定要纠正脱离实际情况的本本主义。怎样纠正这种本本主义？只有向实际情况作调查。”[①]通过调查，“明了各种阶级的相互关系，得到正确的阶级估量，然后定出我们正确的斗争策略，确定哪些阶级是革命斗争的主力，哪些阶级是我们应当争取的同盟者，哪些阶级是要打倒的。我们的目的完全在这里”[②]。

第三次“左”倾路线直接导致了第五次反“围剿”的失败，红军被迫开始长征。同时，盲动主义也使白区工作彻底失败，党的力量遭受重大损失。血与火的教训让党及红军逐渐增强了对以毛泽东为代表的正确路线的认同，最终在遵义会议上实现

①《毛泽东选集》第 1 卷，人民出版社 1991 年版，第 111—112 页。

②《毛泽东选集》第 1 卷，人民出版社 1991 年版，第 113—114 页。

了历史的重要转折。然而，遵义会议只是集中解决了当时具有决定意义的军事问题，政治上和思想上的错误问题并没有得到充分的讨论。因此，进入抗日战争时期，各种“左”的和右的错误思想又在新的问题上出现了。

“九一八”事变爆发后，中国的局势发生了深刻的变化，包括民族资产阶级和富农在内的中间阶层与一部分大地主大资产阶级的地方集团已经成为或很可能成为抗日的同盟者。即使是蒋介石反动集团在特定情况下也不排除抗日的可能。随着日本对东北和华北的占领，中国社会的主要矛盾逐渐发生变化，因此革命的任务和策略也必然会随之变化。然而，党内的许多人被“左”倾错误思想主导，看不到实际情况发生的重大变化，把资产阶级看作铁板一块，继续主张实行关门主义的政策。西安事变爆发后，一些人出于对国民党屠杀政策的仇恨希望杀掉蒋介石，为死去的烈士们报仇，毛泽东等人则认为要和平解决。只要蒋介石同意联合抗日，这样做对民族大局是有利的。卢沟桥事变后，中国进入全面抗战时期，许多红军战士对于联合蒋介石一起抗日不能理解，至于脱下红军帽换上国民党军队的服装则更是难以接受了。但是，从当时的实际情况来看，仅仅依靠中国共产党的力量是难以战胜强大的日本帝国主义的，只有全民族抗战才是胜利的正途。因此，不仅要联合拥有统治地位、占有众多资源、领导数百万军队的国民党，也要联合有抗日意愿的资产阶级、地主和富农。总之，在中日矛盾成为社会主要矛盾的情况下，一切抗日力量都是可以团结的对象。对此，毛泽东

等人作了大量的解释和说服工作，最终促成了抗日民族统一战线的建立，为抗日战争的胜利和中华民族的解放奠定了基础。

对于关门主义的“左”倾错误思想，毛泽东在《论反对日本帝国主义的策略》中作了极其形象的描述。他认为：“革命的力量是要纯粹又纯粹，革命的道路是要笔直又笔直。圣经上载了的才是对的。民族资产阶级是全部永世反革命了。对于富农，是一步也退让不得。对于黄色工会，只有同它拼命。如果同蔡廷锴握手的话，那必须在握手的瞬间骂他一句反革命。哪有猫儿不吃油，哪有军阀不是反革命？知识分子只有三天的革命性，招收他们是危险的。因此，结论：关门主义是唯一的法宝，统一战线是机会主义的策略。”[①]这几句话生动形象地阐述了“左”倾思想的基本看法。对此，毛泽东评论说：“人中间有三岁小孩子，三岁小孩子有许多道理都是对的，但是不能使他们管天下国家的大事，因为他们还不明白天下国家的道理。马克思列宁主义反对革命队伍中的幼稚病。坚持关门主义策略的人们所主张的，就是一套幼稚病。”[②]这种幼稚病“为渊驱鱼，为丛驱雀”[③]，把自己弄成孤家寡人，最终只能博得敌人的喝彩。

那么，为什么要实行统一战线的策略呢？毛泽东同样作了精辟的回答，并论证了统一战线的可能性和必要性。“如果不足够地估计到日本帝国主义变中国为殖民地的行动能够变动中

①《毛泽东选集》第 1 卷，人民出版社 1991 年版，第 154—155 页。

②《毛泽东选集》第 1 卷，人民出版社 1991 年版，第 155 页。

③《毛泽东选集》第 1 卷，人民出版社 1991 年版，第 155 页。

国革命和反革命的阵线，就不能足够地估计到组织广泛的民族革命统一战线的可能性。如果不足够地估计到日本反革命势力、中国反革命势力和中国革命势力这几方面的强点和弱点，就不会足够地估计到组织广泛的民族革命统一战线的必要性；就不会采取坚决的办法去打破关门主义；……这样，就不能把敌人驱逐到狭小的孤立的阵地上去。这样，就不能把敌人营垒中被裹胁的人们，过去是敌人而今日可能做友军的人们，都从敌人营垒中和敌人战线上拉过来。”[①]简单总结一下，关门主义和统一战线的区别就在于“一个要招收广大的人马，好把敌人包围而消灭之。一个则依靠单兵独马，去同强大的敌人打硬仗”[②]。

一些人之所以弄不清这个简单的道理，其根源还是在于他们机械地理解了阶级分析法，对于资产阶级、地主和富农等存在刻板的认识。他们没有意识到在当时的社会情况下，资产阶级、地主和富农中的一部分人也可能成为抗日的同盟军。为此，毛泽东举了蔡廷锴的例子来做说明。“蔡廷锴等人领导的十九路军是代表什么阶级的利益呢？他们是代表着民族资产阶级、上层小资产阶级、乡村的富农和小地主。蔡廷锴们不是同红军打过死仗的吗？可是后来又同红军订立了抗日反蒋同盟。他们在江西，向红军进攻；到了上海，又抵抗日本帝国主义；到了福建，便同红军成立了妥协，向蒋介石开起火来。无论蔡廷锴们将来的事业是什么，无论当时福建人民政府还是怎样守着老

①《毛泽东选集》第1卷，人民出版社1991年版，第154页。
②《毛泽东选集》第1卷，人民出版社1991年版，第154页。

一套不去发动民众斗争，但是他们把本来向着红军的火力掉转去向着日本帝国主义和蒋介石，不能不说是有益于革命的行为。这是国民党营垒的破裂。”[①]除了蔡廷锴，冯玉祥、马占山等国民党将领主张抗日，国民党第二十六路军的将领赵博生、董振堂因为不愿意打内战而率部举行宁都起义，加入红军成为革命者，这难道不是更加明显的例证吗？毛泽东对资产阶级作了细致的区分，指出资产阶级可以分为带有买办性的大资产阶级和民族资产阶级，他们对抗日战争的态度是不同的。其中，带有买办性的大资产阶级因为附属于不同的帝国主义国家，所以他们在抗战中的立场也是存在差异的。因此，国民党中以蒋介石为代表的亲英美派是统一战线可以联合的对象，可以利用他们和日本帝国主义的矛盾来争取他们以联合抗日。“革命和反革命的阵线可能变动，也同世界上一切事物的可能变动一样。日本帝国主义决定要变全中国为它的殖民地，和中国革命的现时力量还有严重的弱点，这两个基本事实就是党的新策略即广泛的统一战线的出发点。组织千千万万的民众，调动浩浩荡荡的革命军，是今天的革命向反革命进攻的需要。只有这样的力量，才能把日本帝国主义和汉奸卖国贼打垮，这是有目共见的真理。”[②]

在成功建立抗日民族统一战线之后，党内又出现了一股以王明为代表的右倾机会主义思潮。他们认为，既然目前的战争

①《毛泽东选集》第1卷，人民出版社1991年版，第145—146页。

②《毛泽东选集》第1卷，人民出版社1991年版，第155页。

是民族战争，红军也已经改编为国民革命军，边区政府也归中央政府统一管理，那么就应该一切归国民党领导，一切服从于统一抗战的需要。因此，他们提出了“一切经过统一战线，一切服从统一战线”的口号。面对国民党的诸多无理要求，王明主导的长江局处处采取妥协和退让政策，实际上抛弃了党的独立自主，对国民党奉行投降主义的策略。对此，毛泽东在《统一战线中的独立自主问题》中对共产党在抗日战争中的“让步”问题做了充满辩证法的说明，把让步区分为积极和消极两种，这和列宁在《共产主义运动中的“左派”幼稚病》中区分两种妥协有异曲同工之妙。毛泽东说：“没有红军的改编，红色区域的改制，暴动政策的取消，就不能实现全国的抗日战争。让了前者就得了后者，消极的步骤达到了积极的目的。‘为了更好的一跃而后退’，正是列宁主义。把让步看作纯消极的东西，不是马克思列宁主义所许可的。纯消极的让步是有过的，那就是第二国际的劳资合作论，把一个阶级一个革命都让掉了。中国前有陈独秀，后有张国焘，都是投降主义者；我们应该大大地反对投降主义。我们的让步、退守、防御或停顿，不论是向同盟者或向敌人，都是当作整个革命政策的一部分看的，是联系于总的革命路线而当作不可缺少的一环看的，是当作曲线运动的一个片断看的。一句话，是积极的。”[①]也就是说，共产党为了达成统一战线而做的让步是服务于总的革命任务的。如果

①《毛泽东选集》第 2 卷，人民出版社 1991 年版，第 538 页。

一味地妥协退让，不和国民党的消极抗日倾向作斗争，不能保持统一战线中的独立自主，用国民党的命令来束缚八路军、新四军及敌后抗日根据地的发展，这样下去势必会重蹈大革命失败的覆辙。“我们一定不要破裂统一战线，但又决不可自己束缚自己的手脚，因此不应提出‘一切经过统一战线’的口号。‘一切服从统一战线’，如果解释为‘一切服从’蒋介石和阎锡山，那也是错误的。我们的方针是统一战线中的独立自主，既统一，又独立。”[①]因此，统一战线的正确策略应该是“发展进步势力、争取中间势力、反对顽固势力”。“以斗争求团结则团结存，以退让求团结则团结亡。”[②]国民党由于其阶级本性，其抗日态度必然会处在不断的动摇之中，必须和他们破坏抗日与团结的行为，以及反共反人民的反动政策作坚决的斗争，否则最终一定会危害到抗日的前途，统一战线也将不复存在。

“左”的和右的错误思想除了在统一战线问题上有所体现之外，在抗战的前途和战略战术问题上也充分显现出来。面对日本帝国主义的强大军事力量，面对抗战初期国土大面积沦丧的惨痛现实，国内一些人失去了抗战的信心，认为中国不可能战胜日本，还不如尽早投降的好。这种右倾投降主义最典型的体现就是汪精卫的“曲线救国论”。随着抗战取得某些战役的胜利，尤其是平型关大捷和台儿庄大捷之后，国民党内又有人鼓吹“速胜论”，号召进行决战，幻想快速战胜日本。这两种论

①《毛泽东选集》第 2 卷，人民出版社 1991 年版，第 540 页。

②《毛泽东选集》第 2 卷，人民出版社 1991 年版，第 745 页。

调都没有清楚认识到抗日战争的规律，仅从一些表面现象得出了唯心主义的结论。它们只看到了事情的某一方面特点，却没有客观全面地研究所有现实。对此，毛泽东在《论持久战》中通过分析中日双方的基本特点，指出抗日战争一定是一场持久战，但战争的胜利最后一定属于中国。从现时的力量对比来说，日本强大中国弱小，这决定了中国不可能快速战胜日本，战争一定是持久战。但是，日本发动的帝国主义侵略战争是退步的和野蛮的，日本发动战争反映了本国的矛盾日益尖锐，帝国主义正在走下坡路，而战争反过来又将加剧日本的国内外矛盾。中国的抗战是正义的和进步的，能够团结起全国人民共同抗战。由于近代以来革命的积累和中国共产党的成立，中国正处在上升当中。日本国小，人力、物力缺乏；中国地大物博，人多兵多。日本失道寡助，中国得道多助。以上这些方面决定了从长远来看，最后的胜利必将属于中国。毛泽东在《论持久战》中还科学地预见到抗日战争将经过战略防御、战略相持、战略反攻三个阶段，通过这三个阶段，中国将逐渐占据优势，而日本则将一步步走向劣势。“兵民是胜利之本”[①]，只要在战争中实行全面抗战的正确路线，发动群众，依靠群众，以运动战为主，在削弱日军的同时壮大和发展自己的有生力量，中国人民一定能够夺取抗战的最后胜利。

“留得青山在，不愁没柴烧”[②]，针对一些人鼓吹的“决一

①《毛泽东选集》第 2 卷，人民出版社 1991 年版，第 509 页。
②《毛泽东选集》第 2 卷，人民出版社 1991 年版，第 507 页。

死战”和“寸土必争”这种看似英勇实则幼稚的口号，毛泽东用通俗而幽默的语言论述了为什么要采取运动战而不是阵地战，为什么要通过暂时放弃土地和战略退却来为胜利打下基础。“英勇战斗于前，又放弃土地于后，不是自相矛盾吗？这些英勇战斗者的血，不是白流了吗？这是非常不妥当的发问。吃饭于前，又拉屎于后，不是白吃了吗？睡觉于前，又起床于后，不是白睡了吗？可不可以这样提出问题呢？我想是不可以的。吃饭就一直吃下去，睡觉就一直睡下去，英勇战斗就一直打到鸭绿江，这是主观主义和形式主义的幻想，在实际生活里是不存在的。……放弃土地是为了保存军力，也正是为了保存土地；因为如不在不利条件下放弃部分的土地，盲目地举行绝无把握的决战，结果丧失军力之后，必随之以丧失全部的土地，更说不到什么恢复失地了。……只有形式主义者想不通这个道理。”①正是在持久战的战略思想指导之下，中国最终取得了抗战的胜利。

进入解放战争时期，中国革命迎来了关键时刻。或者是革命力量被蒋介石消灭，中国革命遭受重大失败；或者是人民军队战胜国民党反动派，建立新中国。在这样的时刻，政策和策略问题愈加凸显出它的极其重要性。面对国民党军队气势汹汹的进攻，有些人认为共产党不可能抵挡，应该趁早和谈，按照国民党的要求接受改编。也有一些人由于局部的胜利和有利的

① 《毛泽东选集》第 2 卷，人民出版社 1991 年版，第 508—509 页。

形势而产生了对敌人的轻视想法，不注重具体斗争的艺术。对此，毛泽东指出，在战略上藐视敌人，在战术上重视敌人，这才是我们正确的策略。“如果我们在全体上过高估计敌人力量，因而不敢推翻他们，不敢胜利，我们就要犯右倾机会主义错误。如果我们在每一个局部上，在每一个具体问题上，不采取谨慎态度，不讲究斗争艺术，不集中全力作战，不注意争取一切应当争取的同盟者（中农，独立工商业者，中产阶级，学生、教员、教授和一般知识分子，一般公务人员，自由职业者和开明绅士），我们就要犯‘左’倾机会主义错误。”①

随着解放战争转入战略反攻阶段，各个战场不断取得胜利，形势越来越有利于中国共产党。此时，“左”倾机会主义成为主要的危险，其中尤以土地改革中的“左”倾错误危害最为严重。一些地方在土地改革中提出了“贫雇农打江山坐江山”“群众要怎么办就怎么办”的错误口号，导致了对中农、富农利益的过分侵犯；一些地方乱定成分，把大批中农错划为富农，乱斗乱打乱捕乱杀，造成了农村中的恐慌；一有些地方搞唯成分论，排斥政权机关中的非党人士；一些地方打击面过高，连为抗战做过许多贡献的开明绅士也受到了不公正待遇……诸如此类的“左”倾措施在各个根据地普遍出现，严重影响了后方的稳定。此外，在新解放的城市中，也出现了随意没收工商业者财物、工人工资过高、用对待恶霸地主的方式对待民族资产阶

①《毛泽东选集》第 4 卷，人民出版社 1991 年版，第 1267—1268 页。

级等“左”倾错误。这些做法严重破坏了党的工商业政策，影响了正常的生产和流通，使部分民族资产阶级产生了对共产党的恐惧。“不怕蒋介石有美援，只怕蒋介石有‘左’援。”[①]毛泽东及时意识到了这些“左”的错误做法将引起的严重后果。“如果我们的政策不正确……共产党会由越来越多变成越来越少，蒋介石的孤立会变成国共两方面都孤立，人民不喜欢蒋介石，也不喜欢共产党。这个可能性是有的，在理论上不是不存在的。”[②]“只有党的政策和策略全部走上正轨，中国革命才有胜利的可能。政策和策略是党的生命，各级领导同志务必充分注意，万万不可粗心大意。”[③]

之所以会出现这些“左”的错误，一方面是因为党的政策一开始不够明确和具体，另一方面则是因为许多地方组织和干部纪律观念不强，不请示不汇报，遇事自作主张。为此，毛泽东花了很多时间进行调查研究，最终形成了一个较为完整的土地改革斗争策略。“依靠贫农，团结中农，有步骤地、有分别地消灭封建剥削制度，发展农业生产，这就是中国共产党在新民主主义的革命时期，在土地改革工作中的总路线和总政策。”[④]毛泽东指出，关于土地法的实施，应当将全国分为老解放区、半老区、新解放区三种，根据各自的历史特点和群众特点，采取不同的策略。同时，土地改革不可操之过急，过于急切反倒有可能引起农民

①《刘伯承军事文选》，解放军出版社 1992 年版，第 416 页。
②《毛泽东文集》第 5 卷，人民出版社 1996 年版，第 23 页。
③《毛泽东选集》第 4 卷，人民出版社 1991 年版，第 1298 页。
④《毛泽东选集》第 4 卷，人民出版社 1991 年版，第 1317 页。

的反对。

1948 年 4 月，为了加强党内的纪律建设，毛泽东重新翻阅了列宁的《共产主义运动中的“左派”幼稚病》一书，并在封面写下批语：“请同志们看此书的第二章，使同志们懂得必须消灭现在我们工作中的某些严重的无纪律状态或无政府状态。”5 月，毛泽东在《一九四八年的土地改革工作和整党工作》中指出：“必须坚决地克服许多地方存在着的某些无纪律状态或无政府状态，即擅自修改中央的或上级党委的政策和策略，执行他们自以为是的违背统一意志和统一纪律的极端有害的政策和策略。”[①]其中，建立报告制度就是保障民主集中制、克服无纪律无政府状态的重要措施。“路线是‘王道’，纪律是‘霸道’，这两者都不可少。”[②]正是在正确路线和严格纪律的共同作用下，共产党领导中国人民战胜了貌似强大的国民党反动派，取得了解放战争的胜利。蒋介石在总结其失败原因时曾总结了共产党七个方面的优点，其中前两条就是组织严密和纪律严厉。蒋介石的这一评价恰恰从另一个视角印证了加强纪律建设、组织建设的极其重要性。

1949 年 1 月，毛泽东在中央政治局会议上不无感慨地回顾道：“全党大多数干部，在过去几年，特别是在一九四八年，有系统地学会了在农村工作中，在城市工作中和在军事工作中的各项具体的政策和策略，有系统地纠正了右的和‘左’的偏

①《毛泽东选集》第 4 卷，人民出版社 1991 年版，第 1332 页。
②《毛泽东文集》第 2 卷，人民出版社 1993 年版，第 374 页。

向。许多同志在过去长时期内没有学会的东西，一个年头内都学会了。这样，就使党的总路线在全党内能够贯彻执行。这是一个最伟大和最根本的胜利。这是我党政治成熟程度的极大的增长。”[①]由此可见，政策和策略问题在毛泽东的心目中占据着多么重要的地位。

经过长期的革命实践，在反对各种“左”的和右的错误思想的斗争过程中，中国共产党逐步成熟起来，并找到了一条符合中国国情的革命道路。“十月革命一声炮响，给我们送来了马克思列宁主义。十月革命帮助了全世界的也帮助了中国的先进分子，用无产阶级的宇宙观作为观察国家命运的工具，重新考虑自己的问题。走俄国人的路——这就是结论。”[②]但是，“走俄国人的路”绝不是不顾中国的客观实际，照抄照搬“俄国人的路”。马克思列宁主义不是教条，它必须和各个国家、各个地方的实际情况结合起来才能发挥作用。1930年，毛泽东在《反对本本主义》一文中指出：“马克思主义的‘本本’是要学习的，但是必须同我国的实际情况相结合。我们需要‘本本’，但是一定要纠正脱离实际情况的本本主义。”[③]1938年10月，毛泽东在中共六届六中全会所作的政治报告《论新阶段》中首次提出了“马克思主义中国化”的命题。“离开中国特点来谈马克思主义，只是抽象的空洞的马克思主义。因此，马克思主

①《毛泽东文集》第5卷，人民出版社1996年版，第231—232页。
②《毛泽东选集》第4卷，人民出版社1991年版，第1471页。
③《毛泽东选集》第1卷，人民出版社1991年版，第111—112页。

义的中国化，使之在每一表现中带着必须有的中国的特性，即是说，按照中国的特点去应用它，成为全党亟待了解并亟待解决的问题。”“共产党员是国际主义的马克思主义者，但是马克思主义必须和我国的具体特点相结合并通过一定的民族形式才能实现。马克思列宁主义的伟大力量，就在于它是和各个国家具体的革命实践相联系的。对于中国共产党说来，就是要学会把马克思列宁主义的理论应用于中国的具体的环境。”[①]在《整顿党的作风》中，毛泽东对成为一个合格的马克思主义理论家提出了具体的要求：“他们能够依据马克思列宁主义的立场、观点和方法，正确地解释历史中和革命中所发生的实际问题，能够在中国的经济、政治、军事、文化种种问题上给予科学的解释，给予理论的说明。我们要的是这样的理论家。假如要作这样的理论家，那就要能够真正领会马克思列宁主义的实质，真正领会马克思列宁主义的立场、观点和方法，真正领会列宁斯大林关于殖民地革命和中国革命的学说，并且应用了它去深刻地、科学地分析中国的实际问题，找出它的发展规律，这样才是我们真正需要的理论家。”[②]以毛泽东同志为代表的中国共产党人正是这样做的。他们在学习俄国革命经验的基础上，深刻研究了中国的实际国情，把握中国革命的特点，成功开辟了一条中国式的“农村包围城市，武装夺取政权”的新民主主义革命道路。

在正确道路的指引下，以党的领导、武装斗争、统一战线为

①《毛泽东选集》第2卷，人民出版社1991年版，第534页。
②《毛泽东选集》第3卷，人民出版社1991年版，第814页。

三大法宝,中国人民自1840年以来的浴血奋斗终于取得了胜利。“一个有纪律的，有马克思列宁主义的理论武装的，采取自我批评方法的，联系人民群众的党。一个由这样的党领导的军队。一个由这样的党领导的各革命阶级各革命派别的统一战线。这三件是我们战胜敌人的主要武器。这些都是我们区别于前人的。依靠这三件，使我们取得了基本的胜利。我们走过了曲折的道路。我们曾和党内的机会主义倾向作斗争，右的和‘左’的。凡在这三件事上犯了严重错误的时候，革命就受挫折。错误和挫折教训了我们，使我们比较地聪明起来了，我们的事情就办得好一些。任何政党，任何个人，错误总是难免的，我们要求犯得少一点。犯了错误则要求改正，改正得越迅速，越彻底，越好。”①

三、以邓小平同志为代表的中国共产党人在推进改革开放过程中的学习与运用

1978年12月，党的十一届三中全会在北京召开，标志着中国从此进入一个崭新的历史阶段。在中华人民共和国成立前三十年社会主义建设经验和教训的基础上，以邓小平同志为代表的中国共产党人带领中国人民开始探索一条符合中国国情的社会主义发展道路。这种探索是前无古人的，是没有现成的经验可供借鉴的。在探索的道路上，中国共产党人同样遇到了各

①《毛泽东选集》第4卷，人民出版社1991年版，第1480页。

种“左”的和右的错误思想的干扰。正是在与各种错误思想的斗争中，中国这艘以“改革开放”为旗帜的巨轮破浪前进，向世人展示了惊人的力量。

改革开放之初，一些人从“左”的方面出发，对对内改革、对外开放的政策提出了质疑。有人提出，允许私营经济发展会造成剥削，这不是社会主义的做法。我们通过社会主义改造消灭了资产阶级，现在这样做很可能会重新产生新的资产阶级，这不是历史的倒退吗？还有人提出，对外开放沿海城市和港口，向西方资本主义国家敞开国门，会不会受到资本主义的不良影响；允许外资进入中国，会不会对社会主义形成冲击。对此，邓小平指出：“人们有这样的怀疑，中国这样搞四化会不会走资本主义道路。我们肯定地说，不会。现在，我们国内的资产阶级已经不存在了。过去的资本家还有，他们的成分已经改变了。外资是资本主义经济，在中国占有它的地位。但是外资所占的份额也是有限的，改变不了中国的社会制度。社会主义特征是搞集体富裕，它不产生剥削阶级。”[①]“社会主义也可以搞市场经济。同样地，学习资本主义国家的某些好东西，包括经营管理方法，也不等于实行资本主义。这是社会主义利用这种方法来发展社会生产力。把这当作方法，不会影响整个社会主义，不会重新回到资本主义。”[②]同时，对外开放还可以帮助中国学习和借鉴国外的先进技术与经验，为建设社会主义打好物

①《邓小平文选》第 2 卷，人民出版社 1994 年版，第 235—236 页。

②《邓小平文选》第 2 卷，人民出版社 1994 年版，第 236 页。

质基础。“要实现四个现代化，就要善于学习，大量取得国际上的帮助。要引进国际上的先进技术、先进装备，作为我们发展的起点。”①“‘左’的错误带来的损失，历史已经作出结论。我们都是搞革命的，搞革命的人最容易犯急性病。我们的用心是好的，想早一点进入共产主义。这往往使我们不能冷静地分析主客观方面的情况，从而违反客观世界发展的规律。中国过去就是犯了性急的错误。”②

另外，正如列宁所说的，“左”的思想因为出现新的内容就全盘否定旧的形式。一些人把社会主义和资本主义截然对立起来，认为所有资本主义社会的东西都不能为社会主义借鉴和利用。因此，他们一说到社会主义脑子里就只有计划，对于市场极为排斥。对此，邓小平指出：“为什么一谈市场就说是资本主义，只有计划才是社会主义呢？计划和市场都是方法嘛。只要对发展生产力有好处，就可以利用。它为社会主义服务，就是社会主义的；为资本主义服务，就是资本主义的。好像一谈计划就是社会主义，这也是不对的，日本就有一个企划厅嘛，美国也有计划嘛。”③邓小平创造性地提出，社会主义和市场经济可以并行不悖，实现良好的结合。“社会主义和市场经济之间不存在根本矛盾。问题是用什么方法才能更有力地发展社会生产力。我们过去一直搞计划经济，

①《邓小平文选》第2卷，人民出版社1994年版，第133页。
②《邓小平文选》第3卷，人民出版社1993年版，第139—140页。
③《邓小平文选》第3卷，人民出版社1993年版，第203页。

但多年的实践证明，在某种意义上说，只搞计划经济会束缚生产力的发展。把计划经济和市场经济结合起来，就更能解放生产力，加速经济发展。”①

一些老同志担心引进市场会导向资本主义，还会造成人民的两极分化。邓小平说：“实行对外开放政策，搞计划经济和市场经济相结合，进行一系列的体制改革，这个路子是对的。这样做是否违反社会主义的原则呢？没有。因为我们在改革中坚持了两条，一条是公有制经济始终占主体地位，一条是发展经济要走共同富裕的道路，始终避免两极分化。我们吸收外资，允许个体经济发展，不会影响以公有制经济为主体这一基本点。相反地，吸收外资也好，允许个体经济的存在和发展也好，归根到底，是要更有力地发展生产力，加强公有制经济。只要我国经济中公有制占主体地位，就可以避免两极分化。”②

与从“左”的方面担心中国的改革开放会复辟资本主义，背离社会主义道路相反，还有一些人走向了另一个极端，他们从右的方面对中国的发展道路提出了质疑。他们鼓吹全盘西化，认为中国只有照搬西方国家的道路才有出路。他们在西方的物质成就面前丧失了民族自信心，认为社会主义不如资本主义，社会主义没有前途。这些人对资本主义民主和自由极为推崇，攻击中国是一党专政，认为无产阶级专政侵犯了民主、自由和人权。他们借“文化大革命”期间的错误妄图否定毛泽东

①《邓小平文选》第 3 卷，人民出版社 1993 年版，第 148—149 页。

②《邓小平文选》第 3 卷，人民出版社 1993 年版，第 149 页。

和毛泽东思想，实际上是想动摇中国共产党的合法性和执政基础。对于这些怀疑或反对四项基本原则的思潮，党内个别人不但不承认这种思潮的危险，甚至直接或间接地加以某种程度的支持。

对此，邓小平保持着高度的清醒。反“左”并不等于纵容右，如果不坚持四项基本原则，改革开放将失去方向，走向邪路。“要加强坚持四项基本原则的宣传、教育，要多写这方面的文章。要批判‘左’的错误思想，也要批判右的错误思想。解放思想，也是既要反‘左’，又要反右。……黄克诚同志讲，有‘左’就反‘左’，有右就反右。我赞成他的意见。对‘左’对右，都要做具体分析。”[①]一些人利用文艺作品攻击社会主义和共产党存在的某些问题，背后的目的是鼓吹资产阶级自由化，攻击整个现行制度。对于这种思想，邓小平一针见血地指出：“党的领导和社会主义制度都需要改善，但是不能搞资产阶级自由化，搞无政府状态。”[②]“我们搞的四个现代化有个名字，就是社会主义四个现代化。我们实行开放政策，吸收资本主义社会的一些有益的东西，是作为发展社会主义社会生产力的一个补充。”[③]现代化不等于西化，不等于照搬西方国家的道路和制度。如果不明白这一点，那所谓的经济发展和现代化最后就是为他人作嫁衣了。“坚持四项基本原则的核心，是坚持共产党

①《邓小平文选》第 2 卷，人民出版社 1994 年版，第 379 页。
②《邓小平文选》第 2 卷，人民出版社 1994 年版，第 391—392 页。
③《邓小平文选》第 3 卷，人民出版社 1993 年版，第 181 页。

的领导。没有共产党的领导，肯定会天下大乱，四分五裂。历史事实证明了这一点。蒋介石就从来没有统一过中国。资产阶级自由化的核心就是反对党的领导，而没有党的领导也就不会有社会主义制度。”①

邓小平立足于中国国情，从历史和现实出发，用清晰明了的语言对从右的方向攻击四项基本原则的论调做了回击。

首先，只有社会主义才能救中国，只有社会主义才能发展中国。这是人民的选择，也是历史的结论。如果背离社会主义道路，中国将退回到半殖民地半封建社会，不可能实现独立和富强。社会主义中国目前在经济、文化等方面相较于发达国家的落后是历史造成的，是帝国主义侵略和封建主义毒害的结果，而不能归因于社会主义制度。相反，中华人民共和国成立以来的历史证明，社会主义国家的发展速度远远高于资本主义国家。同时，“资本主义无论如何不能摆脱百万富翁的超级利润，不能摆脱剥削和掠夺，不能摆脱经济危机，不能形成共同的理想和道德，不能避免各种极端严重的犯罪、堕落、绝望。……我们要有计划、有选择地引进资本主义国家的先进技术和其他对我们有益的东西，但是我们决不学习和引进资本主义制度，决不学习和引进各种丑恶颓废的东西”②。邓小平特别强调：“现在我们搞四个现代化，是搞社会主义的四个现代化，不是搞别的现代化。……社会主义的目的就是要全国人民

①《邓小平文选》第 2 卷，人民出版社 1994 年版，第 391 页。

②《邓小平文选》第 2 卷，人民出版社 1994 年版，第 167—168 页。

共同富裕，不是两极分化。如果我们的政策导致两极分化，我们就失败了；如果产生了什么新的资产阶级，那我们就真是走了邪路了。"①

其次，社会主义民主和无产阶级专政是一体两面，二者并不矛盾。"发展社会主义民主，决不是可以不要对敌视社会主义的势力实行无产阶级专政。……不对他们专政，就不可能有社会主义民主。"②在阶级依然存在的情况下，设想国家的专政职能的消亡是有害无益的空想。国家专政机关的存在同社会的民主化并不矛盾，"一定要把社会主义民主同资产阶级民主、个人主义民主严格地区别开来，一定要把对人民的民主和对敌人的专政结合起来，把民主和集中、民主和法制、民主和纪律、民主和党的领导结合起来"③。

再次，必须坚持共产党的领导——邓小平通过引用列宁在《共产主义运动中的"左派"幼稚病》中的话强调了这一点。"列宁说：'无产阶级专政是对旧社会的势力和传统进行的顽强斗争，流血的和不流血的，暴力的和和平的，军事的和经济的，教育的和行政的斗争。……没有铁一般的和在斗争中锻炼出来的党，没有为本阶级全体忠实的人所信赖的党，没有善于考察群众情绪和影响群众情绪的党，要顺利地进行这种斗争是不可能的。'列宁所说的这个真理，现在仍然有效。"④当然，党的

①《邓小平文选》第3卷，人民出版社1993年版，第110—111页。
②《邓小平文选》第2卷，人民出版社1994年版，第168—169页。
③《邓小平文选》第2卷，人民出版社1994年版，第176页。
④《邓小平文选》第2卷，人民出版社1994年版，第169—170页。

领导在现实中可能存在一些问题，这是无法回避的。但是，解决问题的办法不是盲目歌颂群众的自发性，从而反对党的领导。正确的做法应该是去思考党如何才能密切联系群众、团结群众，从而实施正确有效的领导。因此，党的领导和群众路线是相辅相成的。“我们党经历过多次错误，但是我们每一次都依靠党而不是离开党纠正了自己的错误。今天的党中央坚持发扬党的民主和人民民主，并且坚决纠正过去所犯的错误。在这样的情况下，竟然要求削弱甚至取消党的领导，更是广大群众所不能容许的。这事实上只能导致无政府主义，导致社会主义事业的瓦解和覆灭。”①

最后，坚持马克思列宁主义、毛泽东思想是党和国家前进的思想基础。针对一些人借毛泽东同志晚年的错误来全盘否定毛泽东和毛泽东思想的错误做法，邓小平指出：“我们能在今天的国际环境中着手进行四个现代化建设，不能不铭记毛泽东同志的功绩。毛泽东同志同任何别人一样，也有他的缺点和错误。但是，在他的伟大的一生中的这些错误，怎么能够同他对人民的不朽贡献相比拟呢？在分析他的缺点和错误的时候，我们当然要承认个人的责任，但是更重要的是要分析历史的复杂的背景。只有这样，我们才是公正地、科学地、也就是马克思主义地对待历史，对待历史人物。……毛泽东思想过去是中国革命的旗帜，今后将永远是中国社会主义事业和反霸权主义事

①《邓小平文选》第2卷，人民出版社1994年版，第170—171页。

业的旗帜，我们将永远高举毛泽东思想的旗帜前进。”[①]

然而，尽管邓小平一再强调要坚持四项基本原则，但社会上自由化的风气还是存在。更为关键的是，党内一些人也犯了糊涂。他们只看到表面的形式，认为三权分立、多党竞争能够形成对权力的监督和制衡，而一党执政和无产阶级专政则会压制民主，无法避免权力的过度膨胀。因此，一些人只提反“左”不提反右，在反对自由化的问题上没有底气，甚至默许和支持。对于许多反党反社会主义的言论，很少有人挺身而出进行严肃的斗争。这种右的、软弱涣散的倾向逐渐成了思想战线主要的危险。“从中央到地方，在思想理论战线上是软弱的，丧失了阵地，对于资产阶级自由化是个放任的态度，好人得不到支持，坏人猖狂得很。好人没有勇气讲话，好像自己输了理似的。”[②]邓小平说：“没有什么输理的。四项基本原则必须讲，人民民主专政必须讲。要争取一个安定团结的政治局面，没有人民民主专政不行，不能让那些颠倒是非、混淆黑白、造谣诬蔑的人畅行无阻，煽动群众。……我们讲民主，不能搬用资产阶级的民主，不能搞三权鼎立那一套。我经常批评美国当权者，说他们实际上有三个政府。”[③]“反对资产阶级自由化至少还要搞二十年。民主只能逐步地发展，不能搬用西方的那一套，要搬那一套，非乱不可。我们的社会主义建设，必须在安定团结的条

①《邓小平文选》第 2 卷，人民出版社 1994 年版，第 172 页。
②《邓小平文选》第 3 卷，人民出版社 1993 年版，第 195 页。
③《邓小平文选》第 3 卷，人民出版社 1993 年版，第 195 页。

件下有领导、有秩序地进行，我特别强调有理想、有纪律，就是这个道理。如果搞资产阶级自由化，就是再来一次折腾。搞资产阶级自由化，否定党的领导，十亿人民没有凝聚的中心，党也就丧失了战斗力，那样的党连个群众团体也不如了，怎么领导人民搞建设？”[①]

在这种背景下，1987年党的十三大确立了以“一个中心、两个基本点”为基本内容的社会主义初级阶段基本路线，强调四项基本原则是立国之本。“坚持社会主义道路、坚持人民民主专政、坚持中国共产党的领导、坚持马克思列宁主义毛泽东思想这四项基本原则，是我们的立国之本。”[②]在反对“左”的僵化思想的同时必须和自由化的错误思想作坚决斗争，这个方针要贯穿社会主义初级阶段的全过程。

1989年春夏之交的政治风波平息后，邓小平从党和国家发展全局的角度对过去十年做了总结，认为这一阶段最大的失误就是思想教育犯了错误，没能旗帜鲜明、一贯连续地有效宣传四项基本原则。他说：“党的十三大概括的‘一个中心、两个基本点’对不对？两个基本点，即四个坚持和改革开放，是不是错了？我最近总在想这个问题。我们没有错。四个坚持本身没有错，如果说有错误的话，就是坚持四项基本原则还不够一贯，没有把它作为基本思想来教育人民，教育学生，教育全体干部和共产党员。……十年最大的失误是教育，这里我主要是

①《邓小平文选》第3卷，人民出版社1993年版，第196—197页。

②《十三大以来重要文献选编》上，中央文献出版社2011年版，第13页。

讲思想政治教育，不单纯是对学校、青年学生，是泛指对人民的教育。”[①]

然而，党内有些人的反思又走向了另一个“左”的极端。他们对改革开放提出了强烈质疑，认为正是改革开放带来的消极后果造成了政治风波的社会基础，希望重新回到计划经济时代。《人民日报》多次刊发相关文章，提出改革姓“社”还是姓“资”的问题，认为市场化改革就是“资本主义化的改革”，市场经济将在事实上导致公有制的取消和社会主义制度的覆灭。一些人重新弹起了阶级斗争的调子，认为市场经济的发展将造成“和平演变”的危险，只有强调阶级斗争才能保证社会发展的方向。一时间，回到老路的思潮甚嚣尘上，改革开放有被断送的危险，中国再次面临道路的抉择。

在此关键时刻，邓小平顶着巨大的压力于 1992 年初春视察南方，沿途发表了许多关于中国社会发展方向和前途的意见，这就是著名的南方谈话。邓小平指出：“现在，有右的东西影响我们，也有‘左’的东西影响我们，但根深蒂固的还是‘左’的东西。……‘左’带有革命的色彩，好像越‘左’越革命。‘左’的东西在我们党的历史上可怕呀！一个好好的东西，一下子被他搞掉了。右可以葬送社会主义，‘左’也可以葬送社会主义。中国要警惕右，但主要是防止‘左’。”[②]针对姓“资”还是姓“社”的问题，邓小平认为，不要担心市场

---

①《邓小平文选》第 3 卷，人民出版社 1993 年版，第 305—306 页。

②《邓小平文选》第 3 卷，人民出版社 1993 年版，第 375 页。

化改革和对外开放会造成资本主义，重要的是要看这样做是否对社会发展有利。“判断的标准，应该主要看是否有利于发展社会主义社会的生产力，是否有利于增强社会主义国家的综合国力，是否有利于提高人民的生活水平。”[①]因此，不能只是从表面的形式上去看待市场和计划的关系。“计划多一点还是市场多一点，不是社会主义与资本主义的本质区别。计划经济不等于社会主义，资本主义也有计划；市场经济不等于资本主义，社会主义也有市场。计划和市场都是经济手段。”[②]邓小平强调，党的十一届三中全会以来所确立的路线不容动摇。“不坚持社会主义，不改革开放，不发展经济，不改善人民生活，只能是死路一条。……谁要改变三中全会以来的路线、方针、政策，老百姓不答应，谁就会被打倒。”[③]在对“左”的错误思想进行猛烈批评的同时，邓小平并没有忽视右的危险。他说：“在整个改革开放的过程中，必须始终注意坚持四项基本原则。十二届六中全会我提出反对资产阶级自由化还要搞二十年，现在看起来还不止二十年。资产阶级自由化泛滥，后果极其严重。特区搞建设，花了十几年时间才有这个样子，垮起来可是一夜之间啊。垮起来容易，建设就很难。在苗头出现时不注意，就会出事。”[④]同时，邓小平重申了人民民主专政的重要性。“对人民实行民主，对敌人实行专政，这就是人民民主专政。运用

①《邓小平文选》第 3 卷，人民出版社 1993 年版，第 372 页。
②《邓小平文选》第 3 卷，人民出版社 1993 年版，第 373 页。
③《邓小平文选》第 3 卷，人民出版社 1993 年版，第 370—371 页。
④《邓小平文选》第 3 卷，人民出版社 1993 年版，第 379 页。

人民民主专政的力量，巩固人民的政权，是正义的事情，没有什么输理的地方。我们搞社会主义才几十年，还处在初级阶段。巩固和发展社会主义制度，还需要一个很长的历史阶段，需要我们几代人、十几代人，甚至几十代人坚持不懈地努力奋斗，决不能掉以轻心。”[①]“左”和右都犯了主观主义的错误，只有坚持从实际出发，才是真正的马克思主义，才能避免犯方向性的错误。“实事求是是马克思主义的精髓。要提倡这个，不要提倡本本。……实践是检验真理的唯一标准。我读的书并不多，就是一条，相信毛主席讲的实事求是。过去我们打仗靠这个，现在搞建设、搞改革也靠这个。”[②]“我坚信，世界上赞成马克思主义的人会多起来的，因为马克思主义是科学。……一些国家出现严重曲折，社会主义好像被削弱了，但人民经受锻炼，从中吸收教训，将促使社会主义向着更加健康的方向发展。因此，不要惊慌失措，不要认为马克思主义就消失了，没用了，失败了。哪有这回事！”[③]

江泽民后来说道：“小平同志晚年提出了许多十分重要的思想，特别是他一九九二年的南方谈话，澄清了当时困扰着人们思想的一些十分重大的问题，为我们这一代人创造了很好的条件。很多话，小平同志当时不说，我们这些人是很难说的。”[④]南方谈话一锤定音，结束了姓“社”姓“资”的争论，从思想上

①《邓小平文选》第 3 卷，人民出版社 1993 年版，第 379—380 页。

②《邓小平文选》第 3 卷，人民出版社 1993 年版，第 382 页。

③《邓小平文选》第 3 卷，人民出版社 1993 年版，第 382—383 页。

④《江泽民文选》第 3 卷，人民出版社 2006 年版，第 336 页。

统一了全党的认识，为改革开放的稳健前行奠定了坚实的基础，中国社会发展从此进入一个崭新的阶段。

1992 年 10 月，中国共产党第十四次全国代表大会在北京召开，江泽民作了题为《加快改革开放和现代化建设步伐　夺取有中国特色社会主义事业的更大胜利》的报告，明确提出了建立社会主义市场经济体制的改革目标。在报告中，江泽民指出，改革开放十四年来伟大实践的经验集中到一点，就是要毫不动摇地坚持党的基本路线。“坚持党的基本路线不动摇，必须把改革开放同四项基本原则统一起来。有中国特色的社会主义所以具有蓬勃的生命力，就在于它是实行改革开放的社会主义。我们的改革开放所以能够健康发展，就在于它是有利于巩固和发展社会主义的改革开放。坚持四项基本原则，坚持改革开放，都是为了更好地解放和发展生产力。”①

坚持改革开放以反“左”，坚持四项基本原则以反右，中国共产党正是在这样的正确思想和策略指导下取得了令人震撼的成功。“近二十年改革开放和现代化建设取得成功的根本原因之一，就是克服了那些超越阶段的错误观念和政策，又抵制了抛弃社会主义基本制度的错误主张。”②正确的思想源于对实际的清醒认识，而中国最大的实际就是中国现在处于并将长时期处于社会主义初级阶段。“社会主义是共产主义的初级阶段，而中国又处在社会主义的初级阶段，就是不发达的阶段。……

①《十四大以来重要文献选编》上，中央文献出版社 2011 年版，第 13 页。
②《十五大以来重要文献选编》上，中央文献出版社 2011 年版，第 12 页。

在党的纲领中明确提出社会主义初级阶段的科学概念，这在马克思主义历史上是第一次。……在中国，真要建设社会主义，那就只能一切从社会主义初级阶段的实际出发，而不能从主观愿望出发，不能从这样那样的外国模式出发，不能从对马克思主义著作中个别论断的教条式理解和附加到马克思主义名下的某些错误论点出发。”①

从党的十三届四中全会到党的十六大，以江泽民同志为核心的党的第三代中央领导集体坚持改革开放，坚持解放思想、实事求是、与时俱进，不僵化不停滞，在国内外政治风波、经济风险等严峻考验面前，确立了社会主义市场经济体制的改革目标和基本框架，开创了全面改革开放新局面，捍卫了中国特色社会主义的正确发展道路，推进党的建设新的伟大工程，成功把中国特色社会主义推向21世纪。

从党的十六大到党的十八大，以胡锦涛同志为主要代表的中国共产党人面向新世纪，立足新形势，坚定不移高举中国特色社会主义伟大旗帜，根据新的发展要求，在全面建设小康社会进程中推进实践创新、理论创新、制度创新，形成了中国特色社会主义事业总体布局，推进党的执政能力建设和先进性建设，既不走封闭僵化的老路，也不走改旗易帜的邪路，成功在新的历史起点上坚持和发展了中国特色社会主义，既坚持了科学社会主义基本原则，又根据时代条件赋予其鲜明的中国特色。

①《十五大以来重要文献选编》上，中央文献出版社2011年版，第13页。

由邓小平开创的中国特色社会主义道路在以江泽民、胡锦涛为主要代表的中国共产党人的接续奋斗中历经重重考验，在反对各种错误思想的干扰中稳健前行。

“中国是这么大的国家，我们做的事是前人没有做过的。中国有自己的特点，所以我们只能按中国的实际办事，别人的经验可以借鉴，但不能照搬。”[①]“马克思主义必须是同中国实际相结合的马克思主义，社会主义必须是切合中国实际的有中国特色的社会主义。”[②]“中国革命的成功，是毛泽东同志把马克思列宁主义同中国的实际相结合，走自己的路。现在中国搞建设，也要把马克思列宁主义同中国的实际相结合，走自己的路。”[③]中国共产党人的这些话不正是对列宁思想极好的继承和发展吗？

---

①《邓小平文选》第 3 卷，人民出版社 1993 年版，第 229 页。
②《邓小平文选》第 3 卷，人民出版社 1993 年版，第 63 页。
③《邓小平文选》第 3 卷，人民出版社 1993 年版，第 95 页。

第十章 不忘老祖宗，又要讲新话

党的十八大以来，党和国家的发展取得历史性成就，发生历史性变革。习近平在党的十九大报告中提出，中国特色社会主义进入了新时代，并制订了2035年基本实现社会主义现代化，以及本世纪中叶建成社会主义现代化强国的宏伟目标。目标越伟大，任务越艰巨，对党提出的要求也就更高。在这种时代背景下，《共产主义运动中的“左派”幼稚病》一书在新时代仍具有理论价值和现实意义。通过回顾与总结国际共产主义运动的经验教训，学习和掌握其中蕴含的方法论，有助于排除思想干扰，坚定中国特色社会主义道路自信、理论自信、制度自信和文化自信，为实现中华民族伟大复兴的中国梦增添助力。也正是在这样的时代背景下，以习近平同志为核心的党中央从面临的实际问题出发，创造性地提出了一系列治国理政的新思想新理论新战略，形成了习近平新时代中国特色社会主义思想。这一思想在社会主义发展道路、党的领导、纪律建设、统一战线等多方面继承和发展了《共产主义运动中的“左派”幼稚病》中的一些思想与观点，做到了“不忘老祖宗，又要讲新话”。

一、《共产主义运动中的“左派”幼稚病》在新时代的理论价值和现实意义

虽然从列宁写作《共产主义运动中的“左派”幼稚病》到现在已经过去了近一百年，但其中的思想、观点和方法论对于分析与解决我们现阶段所面临的很多问题依然具有极大的参考价值。尤其是在社会主义发展道路、党的领导、纪律建设、统一战线等重要问题上，我们依然可以从《共产主义运动中的“左派”幼稚病》的阐述和分析中汲取丰富的思想养分。

首先，正确理解《共产主义运动中的“左派”幼稚病》中的思想观点有助于坚定中国特色社会主义道路自信。改革开放四十年来，党带领人民取得了举世瞩目的伟大成就，中华民族昂首阔步地走在伟大复兴的历史征程中。然而，随着经济的快速发展和社会的剧烈变化，在中国社会发展道路的重大问题上却出现了一些刺耳的噪音。近年来，社会上始终存在着两种思潮，它们从不同的方面对中国现行制度提出了质疑。一种思潮认为中国的政治改革落后于经济改革，现有的政治体制束缚了经济的发展。既然中国已经借鉴西方国家的经验实行了市场经济，那就应该在政治上也效仿西方的民主体制——这是一种右的观点。另一种思潮则借收入分配不公、贫富差距拉大等各种社会问题否定市场经济、否定改革开放，认为中国的市场化改

革走的是资本主义道路，将中国特色社会主义称作“中国特色资本主义”。他们认为，解决当代中国的问题只有回到计划经济时代去才有希望——这是一种“左”的观点。这两种观点的共同特点是都从抽象的概念和原则出发，而不是从现实情况出发。他们都将中国特色社会主义看作不伦不类的怪物，而没有意识到中国特色社会主义才是最适合当下中国的选择。列宁在《共产主义运动中的“左派”幼稚病》中就如何正确对待俄国革命经验的国际意义展开了详细的分析，这恰恰可以从方法论上对反击“左”的和右的错误思想提供理论借鉴。

其次，正确理解《共产主义运动中的“左派”幼稚病》中的思想观点有助于从理论上厘清“为什么要坚持和完善党的领导”，为新时代加强党的建设提供思想支撑。一段时间以来，与攻击和质疑中国特色社会主义道路相联系，一些人也在思想和舆论上质疑中国共产党的领导地位。他们提出了党大还是法大、共产党不是民选的执政党等说法，这些错误论调在一些人的头脑中引起了思想混乱。他们将党的领导和民主、法治等对立起来，实际上是打着民主、法治的幌子推销资产阶级政治制度。同时，在一些地方和领域存在党组织软弱涣散、领导不力的状况，严重影响了经济和社会的发展。更为严重的是，部分党员自身对于坚持共产党的领导底气不足，思想上不够坚定，甚至有些人在心里欣赏和赞成西方国家的政治制度。列宁在《共产主义运动中的“左派”幼稚病》中对领袖、政党、阶级、群众之间关系的精辟分析，恰恰可以帮助我们从理论上回击这些

错误观点，从而旗帜鲜明地坚持党的绝对领导。

再次，正确理解《共产主义运动中的“左派”幼稚病》中的思想观点有助于认识加强党的纪律建设，尤其是严明政治纪律的极其重要性。当前，党面临着十分复杂的国内外环境，执政考验、改革开放考验、市场经济考验、外部环境考验等具有长期性和复杂性，精神懈怠危险、能力不足危险、脱离群众危险更是作为尖锐、严峻的问题摆在面前。在党内，个人主义、分散主义、自由主义、本位主义、好人主义等不良风气也在产生影响，宗派主义、圈子文化、码头文化在一些地方时有出现。有的党员干部在重大原则问题上立场摇摆，对党中央的决策部署消极执行，对中央的三令五申阳奉阴违——或是上有政策下有对策，或是有令不行有禁不止，或是在执行中央决策部署上打折扣、做选择、搞变通。有些人甚至搞非组织活动，妄议中央，公开发表或传播反对党的路线方针政策和决议的言论。一些党组织觉得政治纪律是“软”的、“虚”的，对违反政治纪律的错误言行不在意、不报告、不抵制、不斗争，更谈不上查处。推行全面从严治党后，党内有些人说要求太严，纪律太死，束缚了手脚；还有人说党员干部也有七情六欲，管党治党应“人性化”，而不能把纪律搞得太苛刻。说到底，他们就是希望纪律能够松一点、宽一点。如果对于这些破坏党的纪律的行为不加以打击和约束，任其发展，那么中国共产党势必难以在新时代肩负起领导中华民族走向伟大复兴的重任。“党面临的形势越复杂、肩负的任务

越艰巨，就越要加强纪律建设，越要维护党的团结统一，确保全党统一意志、统一行动、步调一致前进。”[①]列宁在《共产主义运动中的“左派”幼稚病》中对纪律的重要性和维持严格纪律的条件的分析，以及对布尔什维克发展历史的回顾，可以帮助我们从理论和现实两方面认识到严明党的纪律的重要性并明确加强纪律建设的一些具体方法，从而促进广大党员强化“四个意识”，坚决做到“两个维护”，为实现中华民族伟大复兴的中国梦奠定坚实的组织基础。

最后，正确理解《共产主义运动中的“左派”幼稚病》中的思想观点有助于深化对党的战略和策略的认识，尤其是对统一战线工作的认识。统一战线是革命年代共产党取得胜利的三大法宝之一。然而，随着共产党成为中国唯一的执政党，随着共产党的领导地位越来越巩固、力量越来越强大，在一些人看来，统战工作似乎没有那么重要了。“上层论”“麻烦论”“无关论”“花瓶论”等关于统一战线的错误论调层出不穷，甚至一些党员也被这些思想带跑了。列宁在《共产主义运动中的“左派”幼稚病》中对妥协问题的辩证分析、对争取群众的突出强调及对政治艺术的深刻阐释，可以帮助我们更好地理解统战工作的必要性和重要性，掌握统战工作的基本原则和技巧，从而团结尽可能多的力量共同投身到中华民族伟大复兴的事业当中去。

---

①《十八大以来重要文献选编》上，中央文献出版社 2014 年版，第 131 页。

二、习近平新时代中国特色社会主义思想对《共产主义运动中的“左派”幼稚病》中思想观点的继承与发展

1. 实现中国梦必须走中国道路

习近平旗帜鲜明地指出：“道路问题是关系党的事业兴衰成败第一位的问题，道路就是党的生命。”[①]改革开放以来，中国共产党所坚持的道路就是中国特色社会主义道路，改革开放四十年共产党全部理论和实践的主题就是坚持与发展中国特色社会主义。习近平多次强调：“鞋子合不合脚，自己穿了才知道。”[②]几十年的历史实践证明，只有社会主义才能救中国，只有中国特色社会主义才能发展中国。针对社会上的各种荒谬说法，习近平一方面指出：“中国特色社会主义是社会主义而不是其他什么主义，科学社会主义基本原则不能丢，丢了就不是社会主义。”[③]另一方面又强调：“中国特色社会主义，既坚持了科学社会主义基本原则，又根据时代条件赋予其鲜明的中国特色。”[④]正是在不断将科学社会主义原则和中国实际相结合的过程中，中国共产党带领中国人民开创了中国特色社会主义道路，取得了一个又一个的胜利。

---

①《十八大以来重要文献选编》上，中央文献出版社 2014 年版，第 117 页。
②《十八大以来重要文献选编》上，中央文献出版社 2014 年版，第 260 页。
③《十八大以来重要文献选编》上，中央文献出版社 2014 年版，第 109 页。
④《十八大以来重要文献选编》上，中央文献出版社 2014 年版，第 109 页。

习近平还从极其广阔的视野论述了中国特色社会主义道路的渊源和基础。“这条道路来之不易，它是在改革开放三十多年的伟大实践中走出来的，是在中华人民共和国成立六十多年的持续探索中走出来的，是在对近代以来一百七十多年中华民族发展历程的深刻总结中走出来的，是在对中华民族五千多年悠久文明的传承中走出来的，具有深厚的历史渊源和广泛的现实基础。”[①]“在中国这样一个有着 5000 多年文明史、13 亿多人口的大国推进改革发展，没有可以奉为金科玉律的教科书，也没有可以对中国人民颐指气使的教师爷。”[②]无论是西方资本主义国家的发展道路和制度还是国际共产主义运动史中已经有过的探索，他们都是基于各国具体国情的产物，照搬到中国必然会导致水土不服，产生不良的效果。“对丰富多彩的世界，我们应该秉持兼容并蓄的态度，虚心学习他人的好东西，在独立自主的立场上把他人的好东西加以消化吸收，化成我们自己的好东西，但决不能囫囵吞枣、决不能邯郸学步。”[③]道路决定命运。只有坚定不移走中国特色社会主义道路，既不走封闭僵化的老路，也不走改旗易帜的邪路，凡事按照中国的特点和中国的实际来进行考虑，中国的问题才能得到解决。只有全面理解和坚持党在初级阶段的基本路线，把以经济建设为中心同坚持四项基本原则、坚持改革开放这两个基本点统一于新时代中国特色社会主义伟大实践，才能保证

① 《十八大以来重要文献选编》上，中央文献出版社 2014 年版，第 234 页。

② 习近平：《在庆祝改革开放 40 周年大会上的讲话》，《人民日报》2018 年 12 月 19 日，第 2 版。

③ 《十八大以来重要文献选编》中，中央文献出版社 2016 年版，第 60 页。

正确的前进方向，实现中华民族伟大复兴的中国梦。

中国对于别人的发展道路不能采取照搬照抄的态度，同样，其他国家对于中国的发展模式也不能简单复制。在党的十九大报告中，习近平指出："中国特色社会主义进入新时代……意味着中国特色社会主义道路、理论、制度、文化不断发展，拓展了发展中国家走向现代化的途径，给世界上那些既希望加快发展又希望保持自身独立性的国家和民族提供了全新选择，为解决人类问题贡献了中国智慧和中国方案。"[①]中国智慧和中国方案虽然为发展中国家提供了许多可供借鉴与参考的地方，但它们要想真正取得成就，同样要将中国的经验和本国国情结合起来——这也是中国道路所包含的基本启示。

2. 党政军民学，东西南北中，党是领导一切的

以习近平同志为核心的党中央从新时代党所应担负的历史责任和使命出发，强调必须坚持和加强党的领导，并将"坚持党对一切工作的领导"作为治国理政的基本方略之一。在党的十九大报告中，习近平提出："中国特色社会主义最本质的特征是中国共产党领导，中国特色社会主义制度的最大优势是中国共产党领导，党是最高政治领导力量……党政军民学，东西南北中，党是领导一切的。"[②]全体党员"必须增强政治意识、大局意识、核心意识、看齐意识，自觉维护党中央权威和集中

①《党的十九大报告辅导读本》，人民出版社 2017 年版，第 10—11 页。

②《党的十九大报告辅导读本》，人民出版社 2017 年版，第 157 页。

统一领导，自觉在思想上政治上行动上同党中央保持高度一致”[①]。那么，为什么要这样强调呢？因为中国革命、建设和改革的历史已经证明并将继续证明，没有中国共产党的领导，民族复兴只能是一句空话。“正是因为始终坚持党的集中统一领导，我们才能实现伟大历史转折、开启改革开放新时期和中华民族伟大复兴新征程，才能成功应对一系列重大风险挑战、克服无数艰难险阻，才能有力应变局、平风波、战洪水、防非典、抗地震、化危机，才能既不走封闭僵化的老路也不走改旗易帜的邪路，而是坚定不移走中国特色社会主义道路。”[②]历史证明，党的正确领导是我们取得一切胜利的根本保证。

然而，党的领导地位不是天然形成的，也不是一劳永逸的。坚持党的领导必须建立在不断完善党的领导的基础之上。只有党的领导能够很好地适应现实的需求、解决时代的问题、回应人民的呼声，党的执政地位才会是稳固的。因此，一方面要“坚持科学执政、民主执政、依法执政，完善党的领导方式和执政方式，提高党的执政能力和领导水平，不断提高党把方向、谋大局、定政策、促改革的能力和定力”[③]，以实际效果来加强党的领导权威。要“善于使党的主张通过法定程序成为国家意志，善于使党组织推荐的人选成为国家政权机关的领导人员，善于

①《党的十九大报告辅导读本》，人民出版社 2017 年版，第 20 页。

② 习近平：《在庆祝改革开放 40 周年大会上的讲话》，《人民日报》2018 年 12 月 19 日，第 2 版。

③ 习近平：《在庆祝改革开放 40 周年大会上的讲话》，《人民日报》2018 年 12 月 19 日，第 2 版。

通过国家政权机关实施党对国家和社会的领导”[①]。另一方面要实现坚持党的领导、人民当家作主和依法治国三者的有机统一。习近平指出：“党的领导是人民当家作主和依法治国的根本保证，人民当家作主是社会主义民主政治的本质特征，依法治国是党领导人民治理国家的基本方式，三者统一于我国社会主义民主政治伟大实践。”[②]要通过健全民主制度、拓宽民主渠道、丰富民主形式、完善法治保障，确保人民依法享有广泛充分、真实具体、有效管用的民主权利。党要以最广大人民根本利益作为一切工作的根本出发点和落脚点，把人民拥护不拥护、赞成不赞成、高兴不高兴作为制定政策的依据，让人民在日常生活实际中感受到改革开放的成果，增强人民对党的认同，形成党和群众的良性互动。

3. 加强纪律建设是全面从严治党的治本之策

习近平联系党的历史经验指出：“我们党是用革命理想和铁的纪律组织起来的马克思主义政党，组织严密、纪律严明是党的优良传统和政治优势，也是我们的力量所在。”[③]因此，“加强纪律建设是全面从严治党的治本之策”[④]。在党的十九大报告

①《十八大以来重要文献选编》上，中央文献出版社 2014 年版，第 91—92 页。

②《党的十九大报告辅导读本》，人民出版社 2017 年版，第 36 页。

③《习近平关于全面从严治党论述摘编》，中央文献出版社 2016 年版，第 111 页。

④《习近平关于全面从严治党论述摘编》，中央文献出版社 2016 年版，第 111 页。

关于党的建设的部分中，习近平提出，“全面推进党的政治建设、思想建设、组织建设、作风建设、纪律建设，把制度建设贯穿其中”[①]。这一论述首次将纪律建设与政治建设、思想建设、组织建设、作风建设等并列起来，形成了更加科学、完整的党建总体布局，为加强党的纪律建设指明了方向。

尤其需要指出的是，在所有的纪律问题中，习近平认为政治纪律是最重要的。他认为，严明党的纪律，首要的就是严明政治纪律。政治纪律是最重要、最根本、最关键的纪律，是维护党的团结统一的根本保证。在总结苏联解体的经验教训时，习近平认为，苏联解体“很重要的一个原因是政治纪律被动摇了，谁都可以言所欲言、为所欲为，那还叫什么政党呢？那是乌合之众了”[②]。他还用“破窗效应”这个名词对政治纪律松弛将会导致的严重后果做了形象的说明：“如果党的政治纪律成了摆设，就会形成‘破窗效应’，使党的章程、原则、制度、部署丧失严肃性和权威性，党就会沦为各取所需、自行其是的‘私人俱乐部’。”[③]在审议中国共产党廉政准则、党纪处分条例修订稿时，习近平突出强调了严肃政治纪律和政治规矩对其他纪律的带动作用。他说：“加强党的纪律建设，要针对现阶段党纪存在的主要问题，更加强调政治纪律和政治规矩。这次修订的条例将纪律整合为政治纪律、组织纪律、廉洁纪律、群众纪律、工作纪

①《党的十九大报告辅导读本》，人民出版社 2017 年版，第 61 页。

②《十八大以来重要文献选编》上，中央文献出版社 2014 年版，第 134 页。

③《十八大以来重要文献选编》上，中央文献出版社 2014 年版，第 134 页。

律和生活纪律，其中政治纪律是打头、管总的。实际上你违反哪方面的纪律，最终都会侵蚀党的执政基础，说到底都是破坏党的政治纪律。因此，讲政治、遵守政治纪律和政治规矩永远排在首要位置。要抓住这个纲，把严肃其他纪律带起来。”[①]

那么，遵守政治纪律具体有哪些要求呢？第一，坚决维护党中央权威，在任何时候任何情况下都必须在思想上政治上行动上同党中央保持高度一致。“坚决维护党中央权威，保证全党令行禁止，是党和国家前途命运所系，是全国各族人民根本利益所在。”[②]如果党中央的命令得不到有效执行，那么党就会成为一盘散沙，根本谈不上什么战斗力。第二，必须维护党的团结，坚持五湖四海，团结一切忠实于党的同志。党是一个以理想和信仰聚集起来的集体，而不应该形成一个个小圈子。将小圈子的利益置于党的整体利益之上，势必会破坏党的团结。第三，必须遵循组织程序，重大问题该请示的请示，该汇报的汇报，不允许超越权限办事。不请示，不汇报，任由自己的个人意志行事，短期来看可能便利了自己的工作，但这种行为实质上是自由主义和个人主义的，会对党的事业造成极大损害。第四，必须服从组织决定，绝不允许搞非组织活动，不得违背组织决定。对党组织的决定有不同意见可以在党的会议进行表达，也可以保留自己的意见，但一旦决定的事情就必须坚决执

①《习近平关于严明党的纪律和规矩论述摘编》，中央文献出版社 2016 年版，第 30 页。

②《中国共产党第十八届中央委员会第六次全体会议公报》，《人民日报》2016 年 10 月 28 日，第 1 版。

行，而不能消极抵抗。第五，必须管好亲属和身边工作人员，不得默许他们利用特殊身份谋取非法利益。

在以上所有的方面中，保证全党服从中央，坚持党中央权威和集中统一领导，是党的政治纪律最核心的要求。习近平说：“遵守党的政治纪律，最核心的，就是坚持党的领导，坚持党的基本理论、基本路线、基本纲领、基本经验、基本要求，同党中央保持高度一致，自觉维护中央权威。……在指导思想和路线方针政策以及关系全局的重大原则问题上，全党必须在思想上政治上行动上同党中央保持高度一致。”[①]各级党组织和党员干部要牢固树立大局观念，坚决克服地方和部门保护主义、本位主义，坚决贯彻中央精神，确保中央政令畅通。习近平还特别强调了高级干部的带头和表率作用。“中央政治局的同志要带头自觉维护中央权威，在思想上政治上行动上同党中央保持高度一致，自觉接受党的纪律约束，认真贯彻执行中央政治局作出的决定决策，坚持重大问题按规定请示报告，用实际行动树立中央政治局高度团结统一、步调一致的良好形象。”[②]

那么，具体来说应该如何加强纪律建设呢？正如列宁在《共产主义运动中的“左派”幼稚病》中所指出的，严格的铁的纪律首先必须以正确的、统一的思想作为基础。习近平说：“思想建设是党的基础性建设。革命理想高于天。共产主义远大理

①《十八大以来重要文献选编》上，中央文献出版社 2014 年版，第 132 页。
②《习近平关于全面从严治党论述摘编》，中央文献出版社 2016 年版，第 77 页。

想和中国特色社会主义共同理想，是中国共产党人的精神支柱和政治灵魂，也是保持党的团结统一的思想基础。”[①]因此，只有解决好全体党员的世界观、人生观、价值观这个“总开关”问题，使他们具备坚定的理想信念，挺起共产党人的精神脊梁，才能真正锻造一支拥有严格纪律的战斗队伍。当然，除了思想建设以外，制度建设、纪律教育和执纪监督对于建立严格的纪律来说也是非常重要的。

4. 找到最大公约数，画出最大同心圆

习近平结合党在新时代的历史任务对“上层论”“麻烦论”“无关论”“花瓶论”等关于统一战线的错误思想进行了批驳，反复告诫全党统一战线是任何时候都必须要坚持的重要法宝。“统一战线是中国共产党凝聚人心、汇聚力量的政治优势和战略方针，是夺取革命、建设、改革事业胜利的重要法宝，是增强党的阶级基础、扩大党的群众基础、巩固党的执政地位的重要法宝，是全面建成小康社会、加快推进社会主义现代化、实现中华民族伟大复兴中国梦的重要法宝。”[②]只要社会主义还没有在全世界彻底战胜资本主义，只要社会依然存在阶级分化，那么无产阶级就始终面临着团结大多数、争取同盟者以战胜共同的敌人的任务。因此，统一战线工作也就具有长期的必要性和重要的政治意义。历史证

①《党的十九大报告辅导读本》，人民出版社 2017 年版，第 62 页。
②《十八大以来重要文献选编》中，中央文献出版社 2016 年版，第 539 页。

明，什么时候统一战线工作没有做好，党和人民的事业就容易遭受挫折；什么时候能够充分发挥统一战线的巨大作用，党和人民的事业就能蓬勃发展、欣欣向荣。"人心向背、力量对比是决定党和人民事业成败的关键，是最大的政治。统战工作的本质要求是大团结大联合，解决的就是人心和力量问题。这是我们党治国理政必须花大心思、下大气力解决好的重大战略问题。"[①]

除了用"三个重要法宝"概括统一战线的重要性，习近平还用非常通俗易懂的语言提出了衡量统一战线工作效果的标准。"统一战线工作做得好不好，要看交到的朋友多不多、合格不合格、够不够铁。多不多是数量问题，合格不合格、够不够铁是质量问题。"[②]既要注重数量问题，也要注重质量问题，否则当真正面临斗争和考验时，昔日的同盟者可能会转身就成了反对自己的敌人。因此，虽然统战工作注重团结，但这种团结不是无原则的团结，正如妥协不能是无原则的、丧失独立性的妥协一样。习近平说："统一战线追求的团结，是广泛的团结，也是坚强的团结，是沿着正确政治方向、向着共同目标前进的团结。"[③]团结是为了朝着共同的目标顺利前进，切不可为了团结而在党的原则问题上作出让步。

针对统战工作的特定对象，习近平也提出了许多创新性的观点。习近平指出，民族团结是各族人民的生命线，是十三亿

①《十八大以来重要文献选编》中，中央文献出版社 2016 年版，第 556 页。

②《十八大以来重要文献选编》中，中央文献出版社 2016 年版，第 562 页。

③ 习近平：《习近平同党外人士共迎新春》，《人民日报》2015 年 2 月 13 日，第 1 版。

多中国人民的共同意志，要让各族群众像石榴籽那样紧紧抱在一起。在 2014 年的中央民族工作会议上，习近平用形象的语言阐释了民族团结的重要性。“头顶同一片天空，脚踏同一方土地，各族干部群众都要像爱护自己的眼睛一样爱护民族团结，像珍视自己的生命一样珍视民族团结，坚决反对一切不利于民族团结的言行。”[①]对于宗教问题，习近平指出，要在贯彻宗教信仰自由政策的基础上积极引导宗教与社会主义社会相适应，使宗教服务于国家和社会发展。虽然我们是马克思主义思想指导下的国家，唯物主义是共产党的哲学基础，但这并不意味着对宗教可以简单排斥。当广大人民的思想觉悟还没有达到一定程度的时候，试图用强硬手段改变人民的信仰，最终的结果只能是适得其反，导致人民的不认同和反抗。同时，共产党也不能在宗教问题上放任自流，而是要积极引导，使宗教符合中国特色社会主义建设的需要，而不是起到破坏作用，干预国家和社会的正常职能。“实行宗教信仰自由政策，出发点和落脚点是要最大限度把广大信教和不信教群众团结起来。积极引导宗教与社会主义社会相适应，是要引导信教群众热爱祖国、热爱人民，维护祖国统一，维护中华民族大团结，服从服务于国家最高利益和中华民族整体利益……投身改革开放和社会主义现代化建设，为实现中华民族伟大复兴的中国梦贡献力量。”[②]习近平还对知

①《习近平关于社会主义政治建设论述摘编》，中央文献出版社 2017 年版，第 154 页。

②《习近平关于社会主义政治建设论述摘编》，中央文献出版社 2017 年版，第 168 页。

识分子的重要作用作了新的概括，认为对党外知识分子的统战工作，是统一战线的基础性、战略性工作。

尤其值得一提的是，习近平从哲学角度作出总结概括，提出正确处理一致性和多样性关系是做好新形势下统战工作的基础。“统一战线是一致性和多样性的统一体，只有一致性、没有多样性，或者只有多样性、没有一致性，都不能建立和发展统一战线，正所谓‘非一则不能成两，非两则不能致一’。一致性和多样性不是一成不变的，而是历史的、具体的、发展的。”[①]无论是过于追求一致性，还是过于放任多样性，结果都会动摇统一战线的基础。因此，正确处理一致性和多样性的关系，关键是要坚持求同存异的基本原则。具体来说，“一方面，要不断巩固共同思想政治基础，包括巩固已有共识、推动形成新的共识，这是基础和前提。另一方面，要充分发扬民主、尊重包容差异。对危害中国共产党领导、危害我国社会主义政权、危害国家制度和法治、损害最广大人民根本利益的问题，必须旗帜鲜明反对，不能让其以多样性的名义大行其道。这是政治底线，不能动摇”[②]。因此，对于统战工作来说，只要守住政治底线这个圆心，包容的多样性半径越长，画出的同心圆也就越大，党通过统战工作也就能够团结尽可能多的力量共同建设社会主义。

①《十八大以来重要文献选编》中，中央文献出版社 2016 年版，第 561—562 页。

②《十八大以来重要文献选编》中，中央文献出版社 2016 年版，第 562 页。